© 2019, Isabelle Garbin

Edition : Books on Demand,
12/14 rond-Point des Champs-Elysées, 75008 Paris
Impression : BoD - Books on Demand, Norderstedt, Allemagne
ISBN : 9782322126651
Dépôt légal : Janvier 2019

L'éclaireuse

En quête de perceptions…

Un chemin vers Soi

Sommaire

Chap 1 : Les premiers signes   p16-65

Chap 2 : Nourriture spirituelle   p67-88

Chap 3 : L'initiation   p89-187

Chap 4 : Rien n'a d'importance… !   p189-224

A toutes celles et ceux qui cheminent
vers leur Lumière

Introduction

Je m'adresse tout particulièrement à celles et ceux pour qui le sujet de la perception extra-sensorielle est encore un mystère, et qui vivent eux-mêmes des situations, voient, entendent, pressentent etc...sans savoir comment expliquer et surtout sans oser en parler de peur d'être pris pour des fous (et oui pourtant le Moyen-Age est loin...).

Tu es un être hypersensible, parce que tu perçois, ressens, pressens, vois (écran intérieur), entends (oreille interne) ...et tu as souvent du mal à trouver les mots pour expliquer ces perceptions extra-sensorielles.
Selon moi, ces perceptions sont des facultés, des prédispositions que nous avons tous en chacun de nous, et que

nous pouvons choisir de développer ou pas.

Si tu ressens les lieux (positif/négatif, lourd/léger) et/ou si tu vois (flashs, entités…), et/ou si tu entends (une petite voie intérieure), et/ou si tu te sens mal à l'aise en présence de certaines personnes, tu vois des lutins, elfes dans la Nature, tu fais des rêves prémonitoires, tu sens les défunts et leur parle… ?

Tu es capable de communiquer avec une personne par la pensée ? Cela s'appelle la télépathie. Et nous sommes TOUS capables de communiquer par télépathie ! C'est le moyen de communication de demain, gratuit et sans problème de réseau…

Mon intention ici n'est pas de faire une liste exhaustive de toutes les facultés extra-sensorielles mais de celles que j'ai appris à développer puis expérimenter.

Ce récit est empirique et s'appuie également sur des connaissances ésotériques qui ont pour but de t'éclairer et de t'amener sur ton chemin (si ce n'est pas encore le cas). Il ne s'agit pas ici de donner une seule voie pour devenir ce que tu es mais un cheminement d'expériences qui te permettra peut-être de mettre du sens sur ce que tu vis et d'accepter toutes ces dimensions de ta Nature véritable d'Etre multidimensionnel.

Tu apprendras que ces facultés sont un cadeau, si tu sais observer, être attentif aux signes et aux beautés de ce monde, pour vivre une vie harmonieuse et remplie de joie.

Si tu es triste en ce moment, mon souhait le plus cher à l'issue de ce livre est que tu comprennes que la vie est une succession d'expériences, et qu'au plus profond de toi, tu as toutes les ressources nécessaires pour faire de ta vie…un rêve ! Alors souris !

TU ES UNIQUE. Tu vas découvrir que tu peux « recevoir » des informations, intuitions de différentes manières.

Je vais m'attacher dans chacun des chapitres à te donner à chaque fois des anecdotes et explications pour la meilleure compréhension possible.

Bonne lecture !

Chapitre 1
Les premiers signes

On dit que l'âge de 7 ans est l'âge de raison…et bien pour moi, 7 ans c'est l'âge d'une prise de conscience incroyable !

Je prends conscience à cet âge que je suis venue sur Terre pour une mission, oui une mission ! Je sais que je ne suis pas venue ici pour une vie de « métro-boulot-dodo », mais que quelque chose de plus merveilleux m'attend, et surtout que la vie n'est pas « métro-boulot-dodo », la vie est ce que l'on en fait !

Est-ce que tu as réfléchi à cela…le sens de la vie ? de ta vie ?

A quoi cela servirait de construire, détruire, inventer, travailler, jardiner, manger etc…pour rien ?...

Dès ce plus jeune âge, j'étais convaincue que ce n'était pas possible, qu'il y avait quelque chose de plus grand, un but plus élevé à atteindre…

C'est l'âge où je prends conscience de la mort, et c'est très difficile car je m'imagine vivante dans un cercueil, quelle horreur ! Je m'endors donc tous les soirs avec une lumière, mais cette angoisse qui m'empêche d'être pleinement dans la joie de la vie va durer quelques années…

Ma nature impatiente est déjà bien marquée, et à cet âge j'ai déjà envie d'être adulte. Je passe d'ailleurs la plupart de mon temps avec les adultes à table. J'aime écouter leurs conversations et m'enrichir de tout ce que j'entends.

Entre 7 et 8 ans, j'avais déjà la perception que certaines personnes étaient « bonnes » ou « mauvaises » pour moi. Je ne me dirigeais pas vers elles, ne me mettais pas à table à côté d'elles. Evidemment, lorsque l'on est enfant et que l'on ne veut pas faire la bise à un tel ou une telle, on est grondé et on nous force. Soit, mais n'oublie jamais que ton ressenti est juste, fais si tu es obligé, mais ne nie pas ce que tu ressens, ne perds pas cette perception car si tu la refoules, au bout d'un certain temps, tu peux te couper de cette capacité, très utile pour ne pas être vampirisé « énergétiquement ».
Si tu es dans un entourage déjà ouvert, parles-en, explique ce que tu ressens,

vois, entend… afin d'être respecté pour ce que TU ES. En revanche, si ton cercle familial et/ou amical n'est pas, pour l'instant dans cette ouverture, et que tu crains d'être incompris et ridiculisé, n'en parle pas. Tu rencontreras (si tu le demandes) des personnes à qui tu pourras en parler et qui te guideront. En pensée, tu peux demander à faire des rencontres qui t'amènent sur le chemin de la connaissance, de toi et de l'Univers.

Vers 8 ans, il se passa quelque chose d'incroyable. Incroyable, car j'ai été choisie pour recevoir un rituel, et à cet âge-là, ça marque ! Ma mère faisait le ménage chez un vieux couple, et de temps en temps nous allions leur rendre visite. Un jour, j'étais à côté de ma mère et la vieille dame me dit : « Je vais te transmettre un rituel pour enlever le feu ». A moi ? C'était un moment un peu entre parenthèse. Elle me transmit ce rituel, et je pus ainsi très jeune enlever le feu.

Ce rituel permet d'enlever les insolations ou coups de chaleur (tu sais lorsque tu restes trop longtemps au soleil sans chapeau et que la T° de ton corps monte à plus 40° avec malaise etc…). Les gens appelaient à la maison et je faisais ce rituel à distance (cela marche même si tu es en Australie) pour les soulager. L'espace-temps n'existe pas.

Témoignages de personnes ayant reçu ce soin :

« Mon mari était couché, très mal, et se leva peu de temps après la fin du rituel pour sortir ses poubelles ».

« J'avais une brûlure du second degré (avec phlyctènes) et celle-ci disparut en 24h, sans aucune séquelle ».

Quand vous êtes jeune, c'est très satisfaisant et plein d'encouragement de pouvoir aider ainsi concrètement.
Ce rituel soulage aussi les bébés qui souffrent d'érythèmes fessiers lors des premières dents.

J'ai 37 ans et pratique toujours avec grande joie ce rituel pour soulager.
Ma mère était assez ouverte sur le sujet, c'est sans doute pour cela que je l'ai choisie ! Elle consultait de temps en temps des magnétiseurs, et un jour elle revint de son magnétiseur « attitré » avec une de mes photos, et me dit :
« Tu as 2 prédispositions : magnétiseur et médium », et je lui répondis :
« Ah…et qui peut m'aider ? »
« Tu dois trouver toute seule, faire ton propre apprentissage ».

Je devais avoir environ 12 ans. J'étais heureuse d'avoir la confirmation que j'avais bien une mission et que je devais aider, mais d'un autre côté j'étais un peu désemparée, comment parvenir à apprendre par moi-même ?

J'étais déjà plongée dans les livres depuis que je savais lire : bibliothèque rose, verte, j'avais toujours un livre à la main…et il me vint naturellement l'idée de me tourner vers les livres pour apprendre à développer ces facultés.

De temps en temps, je soulageais ma mère pour son mal au ventre, mal à la tête, avec mes mains, et en faisant « des passes » comme faisait le magnétiseur de ma mère et que j'avais bien observé. Et cela marchait !

Je commandais donc un premier livre « Le magnétisme au quotidien » de Mag Thévenin, et essayais donc de m'imprégner de ce savoir. Je m'exerçais toujours sur ma mère, ou des amis. J'étais très heureuse de soulager. Je me sentais utile.

Dans un premier temps, je n'explorais pas la voie de la médiumnité car cela ne me semblait pas à ma portée.
Je ne savais toujours pas vers quelle voie je me destinais, et j'étais très impatiente d'être dans la réalisation de ma « mission ».

Comment trouver sa voie si l'on ne se connaît pas ?

J'aime citer cette phrase : « Connais-toi toi-même, et tu connaîtras l'Univers et les dieux ».

Que veut-elle dire ?

Si tu apprends à te connaître, tu accèdes à toute la Connaissance, toutes les lois qui régissent nos Univers.
Pourquoi ?

Car **TOUT EST EN TOI**.

Rien n'est à chercher à l'extérieur, TOUT est à l'intérieur de toi. Toute la **Connaissance** est en toi. Le Savoir s'apprend dans les livres, la Connaissance se capte par intuition. La Connaissance s'actualise en permanence.

Je t'informe que je vais répéter certaines informations tout au long de ce livre, afin que tu les intègres à ton rythme, et ensuite les déclics s'opéreront naturellement !

Dès à présent, si tu veux que ta vie ait un sens, tourne-toi vers TOI.
Apprends à te connaître, et tu deviendras acteur de ta vie, car tu sais exactement (et mieux que personne) qui tu veux ETRE et où tu veux aller. Tu seras LIBRE d'être qui tu es. N'est-ce pas le plus important ? N'est-ce pas ce à quoi tu aspires au plus profond de toi ? Quel que soit ton âge !

Etre libre d'être soi, et si c'était cela le bonheur, la joie d'être ?...

Quelquefois, j'avais l'impression d'être entre-deux…pas vraiment présente dans cette vie, mais aussi ailleurs, dans une autre dimension.
Ce n'était pas très confortable. En fait, j'étais un véritable ballon d'hélium !

Si tu ressens cela certaines fois, c'est que tu manques d'ancrage.

Pour ton information, nous sommes tous reliés aux énergies telluriques (Terre) et cosmiques (Cosmos) pour notre bien-être, mais lorsque nous ne sommes pas suffisamment ancrés (sur Terre), nous ne sommes pas bien, fatigué, à côté de nos pompes... De même, si tu es coupé des énergies cosmiques, par le refus par exemple de ta spiritualité (nous sommes tous des êtres spirituels autant l'accepter !), tu pourras te sentir mal (mal-être, fatigue etc…ou même maladies). Il est donc important que cette énergie circule à travers toi, de bas en haut et de haut en bas.

Mets-toi assis ou debout, et imagine que sous tes pieds, des racines très longues poussent et pénètrent dans la terre, ou si le temps le permet, va dans ton jardin, enlève tes chaussettes et mets tes pieds à plat au sol, connecte-toi à la Terre. Fais cet exercice régulièrement, à chaque fois que tu te sens un peu entre-deux, moins présent, ailleurs quoi !

C'est sûr, la nuit j'allais ailleurs ! Dans d'autres vies, d'autres dimensions ! C'est ce que l'on appelle le voyage astral. Tu as peut-être déjà ressenti ça lorsque tu te réveilles le matin, et que tu te souviens, non pas d'avoir rêvé, mais d'avoir vécu réellement dans une autre vie, avec d'autres gens, et bien souvent tu ne te vois pas mais tu sais que c'est toi.
Je te crois ! Tu es certainement connecté à d'autres extensions d'esprits (d'autres parties de toi), et c'est bien réel mais ailleurs dans d'autres dimensions de la Terre ou d'autres

planètes (cf Eluhdia de Rodolphe Arnassalon).

N'hésite pas à noter ces rêves éveillés ou prémonitoires, ils pourront peut-être apporter un éclairage à des situations que tu vas vivre.

Je voudrais aussi te parler de cet étrange sentiment d'être à part…original, pas comme les autres. Si tu te sens ainsi, c'est un fait, tu es un être hypersensible, donc tu un être capable de percevoir des choses avec tes sens. Oui, tu es différent, ou plutôt unique, et tu peux te sentir seul à certain moment ou incompris. Tu auras des hauts et des bas, mais n'aies pas peur, car tu n'es jamais seul. Apprends à te connaître, et tu réussiras à t'accepter tel que tu es, à t'aimer, c'est très important pour gagner en stabilité émotionnelle. Et si tu t'aimes tel que tu es, tous ceux que tu croiseras ne seront pas insensibles à ton pouvoir magnétique ! Certains te détesteront et d'autres aimeront être en ta présence, peu importe, si tu t'aimes tel que tu es, tu ne t'attarderas pas à convaincre ceux qui ne t'aimeront pas, et tu ne t'attacheras pas non plus à continuer à plaire à ceux qui t'apprécient.

Apprends à te détacher de ce qui est bien ou pas bien, détache-toi de cette dualité qui mène aux conflits, et aux relations malsaines. Sois toi-même, et suis ton chemin, en confiance et serein. En revanche, fuis ceux qui te polluent par des pensées ou situations que TU ne souhaites pas, fais tes choix.

Sache que chaque choix, pensée, parole, acte a des conséquences, assume, accepte les conséquences et maîtrise tes pensées !

La vie est une succession d'expériences, et elle vaut la peine d'être vécue, il n'y a pas de meilleures ou moins bonnes expériences, toutes vont te permettre de grandir, de t'élever !
Les expériences vont t'aider à savoir qui tu es.
Alors expérimente ! En ton âme et conscience !
Lorsque l'on naît, on oublie tout, notre mission, qui nous sommes…C'est un choix, une volonté que de réapprendre qui nous sommes, et c'est pour quoi nous sommes venus sur Terre.

Si je n'avais pas eu toutes ces expériences, je n'aurais pas le plaisir de les partager ici avec toi, et peut-être de t'éclairer un peu sur le sens de la vie.

Tu es un être hypersensible, et tu vas grâce aux expériences de la vie, apprendre ce qui est bon et moins bon pour toi. Que ce soit en termes de nourriture, d'environnement, de sommeil, de personnes, de relations, d'éléments (eau/air/feu/terre), il est essentiel que tu saches ce qui est bon et moins bon pour toi afin que l'harmonie soit en toi. Cette paix et harmonie intérieures t'aideront à faire face et à dépasser les difficultés qui viendront à toi.

Tu dois apprendre à installer la paix en toi pour avancer avec sagesse sur ton chemin.

Et si ton chemin croise des chemins ombrageux, cette Lumière en toi, t'éclairera quoiqu'il arrive, et te montrera la lumière extérieure pour te sortir d'un mauvais pas.

As-tu besoin de calme pour te ressourcer ? Dans quel environnement ? à la mer, à la montagne, à la campagne, près de l'eau… ?

Evidemment, je te conseille de bannir café, cigarettes, alcool…et drogue ! C'est ton hypersensibilité qui t'amène à ce genre de substances, tu n'en as pas besoin. Tu as besoin de prendre conscience de ton potentiel et de le développer sinon toute cette énergie créatrice au lieu de l'utiliser pour créer, tu la retournes contre toi ! Découvre qui tu es et fais ce que tu as envie au plus profond de toi pour répondre à tes besoins, à tes aspirations. L'autodestruction n'est pas créatrice de joie, de satisfaction…n'est-ce pas ? Alors que décides-tu ?

L'affirmation la plus nourrissante pour ton Être est : « **Je suis un être magnifique d'Amour et de Lumière** » ! Si tu abordes chaque journée en te disant cette affirmation, crois-moi cela change tout, et surtout garde le cap. Dès que tu sens que tu es attiré par des gens, des situations qui t'amènent vers ce qui n'est pas **juste** pour toi, change de chemin !

Je veux te parler des rencontres significatives. Ce sont des rencontres que tu as programmées avant de t'incarner et qui vont t'aider tout au long de ta vie, et tu seras sans doute étonné quelquefois de la manière dont elles arrivent sur ton chemin…Ces personnes seront précieuses car elles

vont te guider dans la compréhension de qui tu es, t'aider à mieux comprendre et utiliser ton hypersensibilité. Remercie à chaque fois que tu en rencontres une. Certaines rencontres seront de courte durée, par exemple, une consultation chez un médium qui va te donner des clés, et permettre de prendre une décision, et d'autres seront des personnes qui vont devenir tes guides, des amies. Ces personnes-là vont te transmettre un savoir, t'orienter très régulièrement dans ta vie, surtout dans les périodes de doutes, de tristesse (oui même lorsque tu es dans la joie de vivre, cela arrive !).
Je donnerai dans le prochain chapitre quelques anecdotes à ce sujet.

Au cours de cette période, et depuis mon plus jeune âge, je ressens la présence d'entités, défunts. C'est pour cela que je dis que je ne suis jamais seule…Cela m'a surpris au début, et j'ai eu quelquefois des frayeurs, mais ensuite j'ai appris à leur parler.

Comme ce jour, où j'étais dans ma chambre, sans fenêtre ouverte, et où un courant d'air très rapide me frôla le visage et me fit tourner la tête ! C'était impressionnant mais j'ai ri, et remercié cette entité qui me saluait à sa manière !

Je leur parlais le plus souvent par la pensée afin que mon entourage ne me prenne pas pour une folle.
Concrètement, je sentais des effleurements, des courants froids le plus souvent, et ces sensations physiques se sont accentuées au fil des années. J'ai appris avec l'expérience à les décrypter, mais même encore

maintenant il y a certains signes que je n'ai pas encore totalement interprété…L'apprentissage continue bien sûr et c'est passionnant !

Lorsque des entités sont présentes, je les sens physiquement car elles peuvent me traverser ou juste m'effleurer. Le but n'est pas de m'effrayer, elles manifestent justes leur présence. Ce peut être des défunts de la famille, guides ou personne décédée récemment qui ne comprend pas qu'elle est morte.
A cette époque, je ne savais pas ce que je pouvais faire. Je leur parlais simplement.

Ces signes m'amenaient à une compréhension, et me confortait dans l'idée que la vie sur Terre n'était pas que de nature visible…j'étais déjà attirée par tout ce qui était de nature invisible, je voulais comprendre, et des questions j'en avais sans cesse.

Je n'avais pas encore à ma portée des lectures ésotériques, et je sentais un manque. Et tu vas voir que dès que tu te mettras en route, tu vas vouloir des réponses à toutes tes questions et le plus vite possible car sinon, elles restent là !

J'étais de nature plutôt enjouée, et à cet âge un peu hyperactive…Ma mère me donnait de l'euphytose…(gouttes homéopathiques contre la nervosité), peut-être que mon impatience se jouait de moi ! Encore elle !

Un petit aparté sur les enfants que l'on détecte « hyperactifs » : soyons vigilants à ne pas mettre systématiquement dans cette case les enfants « remuants » avec pour seule réponse des médicaments…Les hyperactifs sont bien souvent des créatifs, et des hypers conscients, hypersensibles et peut-être des « zèbres » (surdoués), alors rapprochez-vous de personnes compétentes, et open your mind ! ☺

Tu te retrouves peut-être un peu dans cette description ?
Lorsqu'on est hypersensible, on peut passer rapidement d'un état de surexcitation à une profonde tristesse…Ce n'est pas pour cela que tu es bi-polaire ! Et ce que tu dois savoir c'est que cette instabilité émotionnelle n'est pas anormale à ton âge, les expériences, le travail sur soi nous permettent d'atteindre l'équilibre émotionnel.

Aparté « Parents »

Les enfants qui se sont incarnés ces dernières décennies et ceux d'aujourd'hui sont très conscients, et s'ils ne sont pas guidés vers les bonnes personnes, ils ont du mal à canaliser toutes les informations qu'ils reçoivent, et cela peut se traduire de différentes manières dans leur comportement (colère, tristesse, repli sur soi, démotivation, décrochage scolaire…).

La pédagogie, les enseignements ont été développé pour répondre au besoin de la majorité des élèves…sauf que de plus en plus d'élèves ne trouvent plus de sens dans ce qui est enseigné et se démotivent…Si votre enfant a mal au ventre avant d'aller à l'école, pleure au portail, a du mal à faire ses devoirs… N'hésitez pas à demander de l'aide auprès de Thérapeutes, Coach scolaire etc…

Fin de l'aparté -

En tant qu'adolescent hypersensible, tu es une véritable éponge ! Tu absorbes tout ce qui passe, l'énergie polluée par des émotions de basse vibration (tristesse, chagrin, colère, peurs…) et les tiennes. Si tu ne parviens pas à gérer tes émotions, tu les gardes en toi, et au bout d'un moment la cocotte-minute explose ! Tu seras facilement irritable, énervé, fatigué, en colère ou triste sans savoir pourquoi…

Que faire ?

Il est essentiel pour ton bien-être que tu te protèges. Mets cette protection chaque matin, et renouvelle-la au cours de la journée, en pensée.

Tu te protèges par toi-même.

Procède ainsi : Identifie avec l'aide de 3 doigts au-dessous de ton nombril d'où va sortir cette lumière. Tu la visualises s'étendant autour de toi (bras tendus) en formant un cylindre de lumière, ouvert en haut et en bas pour que tu sois toujours relié aux forces cosmiques et telluriques, et tu penses : « Conscient de mon ADN et de mon ARN, je mets ma protection ».

Une fois que tu auras bien intégré ce gabarit, tu n'auras plus besoin d'étendre tes bras, très rapidement, en pensée, avant de poser le premier pied hors du lit ou sous la douche, tu diras : « je mets ma protection ». Pense à la renouveler plusieurs fois dans la journée : « je renouvelle ma protection ». Si tu es en voiture, en avion, pense à étendre ta protection au-delà de la carrosserie, en englobant bien cette nouvelle envergure, et toujours ouvert en haut et en bas. Tu peux également le faire pour ceux que tu aimes. Dans ce cas, tu penseras en visualisant la personne : « Conscient de ton ADN et de ton ARN, je te mets ta protection, en visualisant 3 doigts au-dessous du nombril puis autour de la personne ». Le mieux étant de transmettre cet outil merveilleux, bien sûr !

L'adolescence est une période pendant laquelle on peut être rapidement déstabilisé parce que l'on ne se connaît pas encore, on ne s'aime pas toujours...
Alors filtre ce que tu peux filtrer, par exemple, les informations que tu reçois par les médias (journaux télévisés des mauvaises nouvelles par exemple...) ou tout autre canal polluant (personne négative qui broie du noir en permanence).

Si je te dis ça, c'est que ce sont des informations visibles, et nuisibles, mais que tu peux facilement choisir de ne pas voir ou entendre, alors que tout ce qui est invisible (sauf clairvoyant) tu as peut-être encore du mal à le gérer.

Plus tu t'éloigneras des vibrations négatives (tout ce qui t'arrive par n'importe quel canal médiatique ou relationnel), plus tu protégeras ton énergie vitale, si précieuse !

Mais là encore, tu vas expérimenter ! Tu te sentiras quelquefois fatigué, irrité, énervé, sans savoir pourquoi…et tu seras peut-être en colère contre toi-même car tu n'aimes pas être dans cet état.

Fais le bilan de ta journée.

Remémore-toi les lieux que tu as traversés, les gens que tu as côtoyé, le bruit, les informations qui te sont parvenues, les odeurs désagréables, les situations stressantes ou conflictuelles…Ainsi, tu sauras de mieux en mieux ce qui est le mieux pour toi. Pas de fatalisme stp ! Tu es un

être conscient, alors tu dois te prendre en main, et transformer ta vie en éclat de rire ! Sinon, qui le fera ?
Sois un être responsable, pas une victime !

Cet outil très précieux et utile : c'est ta propre protection.

C'est un bel outil qui te permettra sans effort d'éviter des situations ou personnes énergétivores, n'oublie pas que tu es une éponge et que tu ne sais pas encore filtrer TOUT ce que tu reçois.

Lorsque je prends ma voiture, l'avion…, j'étends ma protection à l'ensemble de la voiture, avion ou autre ! Je n'ai jamais eu d'accident depuis que je la mets.

En conclusion, je dirai que tu dois être à l'écoute de toutes les sensations physiques que tu ressens, et demander (en pensée) à ce qu'elles se développent, à avoir les explications de ce ressenti par rapport à un autre.

Tu as « vu » ce qui allait se passer pour un proche, un accident ou autre, n'hésite pas à communiquer l'information : « Ne va pas là-bas car tu vas avoir un accident ». Il est important de le dire car sinon tu pourrais culpabiliser de ne pas avoir suivi ton intuition ! Mais si la personne ne t'écoute pas, c'est sa volonté, son choix, son libre-arbitre !

Ah au fait, je grandis, mais toujours pas assez vite ! Entre ma nature impatiente, et cette certitude en moi que j'ai une mission, je ne te dis pas comment cela bouillonne à l'intérieur !

J'ai toujours peur de la mort et n'ai pas trouvé encore par quel moyen j'allais la dompter !

Je suis dans un collège privé, je vais à la messe le dimanche, et j'essaie par la prière d'apaiser cette angoisse de la mort…mais je n'y parviens pas…

Mes lectures à cette période (vers 16 ans) sont plutôt tournées vers l'Egypte antique. Je lis tout d'abord quelques romans de Christian Jacq, puis des livres historiques grâce auxquels je voyage !

Cette voracité m'intrigue…je me dis que j'ai dû vivre à cette époque pour être aussi passionnée par l'Egypte. A 37 ans, on me confirme que j'ai vécu à une période de l'Egypte antique, tu m'étonnes ?!

J'adore la période médiévale également…

Si tu es attiré plus particulièrement par un pays, une civilisation, une période de l'histoire, une population dans le Monde, ou plusieurs d'ailleurs, et bien c'est sans doute que tu y as vécu, plus exactement qu'une extension de ton esprit y vit maintenant. Seul le présent existe.

La vie est passionnante, n'est-ce pas ?

Mets-toi en route tel un explorateur avide de découvertes ! Tu verras que s'ouvrira à toi un Monde extraordinaire, multidimensionnel ! C'est mieux que Spielberg !

Pourquoi ? Plus ton niveau de conscience augmente, plus tu accèdes à la Vérité, tu quittes peu à peu un monde d'illusions où la souffrance, la peur t'empêchent d'être heureux. Si tu es de moins en moins attaché au monde matériel, tu découvriras au-delà du voile tout ce que la vie peut t'apporter de joie, de paix pour te combler au-delà de tes espérances.

Les livres t'apporteront une nourriture spirituelle, et une solide culture générale.
Suis ton intuition, tes envies, ta curiosité et découvre des domaines variés.
Tu peux te documenter sur internet, et là encore suis ton intuition car évidemment on trouve de tout ! Apprends à filtrer en fonction de ce qui te parle ou pas sur le moment. Certaines lectures ne seront peut-être pas à ta portée tout de suite, et tu y reviendras lorsque tu en auras besoin.

Sois à l'écoute de tes besoins. Pose-toi la question, de quoi ai-je envie en ce moment ? Que ce soit pour l'alimentation, pour le sommeil, les images qui défilent ou informations qui déferlent, prend juste ce qui est juste pour toi. A travers ce questionnement, il y a la volonté de te respecter, de t'aimer, et de surtout ne pas te faire de mal… !

Depuis que j'ai été en âge de lire, j'ai toujours eu un ou plusieurs livres sur ma table de chevet. J'aime être en présence de livres, j'aime leur compagnie rassurante, je sais qu'il y en aura toujours un pour me faire plaisir, comme une satisfaction immédiate à ma curiosité !

A cette période-là, il n'y a pas encore internet, mais cette source de savoirs deviendra ensuite un moyen très rapide d'obtenir une réponse à une question, en filtrant et en me laissant guider en fonction des questions que je me pose. Mais j'en reparlerai un peu plus loin.

Je commence à lire quelques livres dits « d'éveil », les livres d'éveil sont « à tiroir », c'est-à-dire que la première lecture te permet d'intégrer des informations, puis si tu le relis quelques mois ou quelques années plus tard, tu intégreras d'autres d'informations, en fonction de ton niveau de conscience. Dans les livres d'éveil, chaque mot est pesé (si l'écrivain est aligné, c'est-à-dire s'il reçoit les informations de la Source) et produit l'effet d'une ouverture. Tu peux t'en rendre compte ou pas, mais l'information emmagasinée va faire son chemin et t'amener vers une compréhension que tu n'avais pas jusqu'alors. Certains livres sont de véritables guides d'éveil,

les lire suffit à déclencher une évolution car tu accèdes à la Connaissance des lois universelles de l'Univers, et comment toi tu peux interagir avec ces lois pour évoluer et vivre le mieux possible dans un environnement qui évolue…car toi, tu évolues. En tant qu'être pensant, tu agis sur ton environnement (ta vie) et le fait évoluer…
Oui, tu crées TA VIE.

Je viens d'avoir 18 ans.
Cette année-là et la suivante furent difficiles puisque la mort m'a touchée de près.

Rêve prémonitoire
Cette nuit-là, je rêve d'un immense cercueil porté à bout de bras par 4 personnes.

Le lendemain, j'apprends avant tout le monde que ma grand-mère maternelle vient de mourir.

J'entends pour la première fois une voix intérieure, qui répond à ma mère qui est en train de me dire : « J'aurais dû accompagner mamie à l'hôpital ». La voix me dit : « Tu ne la reverras plus, c'est fini ».

Cinq minutes plus tard, mon père arrive, et me fait signe (ma mère lui tourne le dos) que c'est fini (en passant ses mains l'une sur l'autre).

Je suis doublement en état de choc : la terrible nouvelle, et cette voix…

Je repense à ce rêve de la veille, cela fait beaucoup de signes…c'est normal, c'était un parent proche.

Pendant toute la journée où devait se dérouler l'enterrement, j'étais « dans une bulle ». J'étais involontairement à l'écart (physiquement) de mes parents, de mon frère, de mon grand-père, comme protégée...

Le décès de ma grand-mère fut très difficile puisque ce fut le premier proche que je perdais...et ce fut en même temps le début de l'écriture...Le choc émotionnel avait provoqué une ouverture.

Le soir même de son décès, j'écrivais mon premier poème pour elle, en quelques minutes, un premier jet que je ne retouchai pas, en écriture quasi automatique.

Les mois qui suivirent, j'en écrivis plus de 200, toujours le soir, très rapidement, sans retouche.

La perte de ma mamie déclencha sous le choc émotionnel ce besoin d'écrire mes émotions sur la vie, la nature, la mort, l'amour, une écriture thérapeutique dans un premier temps.

Aujourd'hui, mon objectif est de transmettre mon expérience, et les connaissances apprises.

En aparté, je te conseille lorsque tu ne vas pas bien, d'écrire ! Ecris tes émotions des plus violentes, aux plus douloureuses, et pleure, cela contribuera à apaiser ton niveau émotionnel. L'écriture est un formidable moyen de décrire des situations inacceptables, injustes, tristes, cela ne résout pas tout mais c'est un premier travail thérapeutique car l'émotion première est souvent remplie de colère, de violence, l'écriture te permettra de retrouver un peu de paix, et de prendre du recul pour moins souffrir.

Expérimente.

Evidemment, lorsque l'on perd un être cher, on déteste la mort, la mort nous l'a pris et c'est toujours injuste car le vide est immense ! La vie perd de sa saveur, le ciel est moins bleu, le chant des oiseaux est plus lointain, le soleil est voilé, les noëls ne seront plus jamais les mêmes, même la Lune ne me souriait plus…Il m'a fallu trouver en moi la volonté de ranimer la flamme, de retrouver le goût de la vie, et cela prend du temps, le temps du deuil nécessaire et différent selon chacun, le temps de parler du disparu en riant, en se remémorant des souvenirs joyeux, le temps que la blessure se referme, s'atténue, que la paix s'installe de nouveau pour renouer avec les beautés de la vie. La vie doit triompher sur la mort car la mort n'est rien, qu'un passage d'un état à un autre. Le plus difficile est bien d'apprendre à vivre sans l'autre…et c'est un processus individuel.

Il ne s'agit donc pas d'apprendre à aimer la mort mais plutôt de l'apprivoiser pour mieux aimer la vie ! La volonté de dépasser cet état dépressif est venue du fond de moi car j'aime la vie, et je voulais l'embrasser de toute mon âme.

Tous ces signes m'exhortaient à me préoccuper maintenant de la mort, pour ne plus y penser ensuite, ne plus être polluée par cette angoisse.
Une amie de ma mère avait dans sa bibliothèque quelques lectures qui m'intéressaient et comme on aimait échanger sur nos lectures, elle me prêta 2 livres d'Elisabeth Kübler-Ross. Cette femme accompagnait les

personnes en fin de vie, et recueillait leurs témoignages.

Je ne me souviens plus très bien comment était abordé le sujet de la mort, mais ces lectures commencèrent à m'apaiser…Les témoignages qu'elle rapportait trouver un écho en moi. Les récits de ces personnes me parlaient car ils évoquaient un tunnel de lumière après la mort, et une paix immense.

Cette amie me proposa alors de lire sur ce sujet « La vie après la mort du Dr Moody ». La révélation !

Ce livre relatait des témoignages de personnes qui avaient vécu des NDE (Near Death Experience), je te laisse chercher des informations à ce sujet…Ces personnes racontent ce passage vers un autre niveau de conscience, et toutes parlent du tunnel de lumière avec des personnes défuntes proches qui leur disaient que ce n'était pas le moment pour elles et qu'elles devaient repartir.

J'ai ensuite lu « La vie après la vie », du même auteur, puis s'en est suivi des tas d'autres lectures.

Toutes ces lectures résonnaient en moi, me parlaient et j'avais pu me faire ainsi ma propre idée de la mort, une idée stable et solide qui me permet depuis plus de 13 ans d'être pleinement dans la vie. Appréhender sa propre finitude physique est une étape clé de notre évolution. Oui uniquement physique puisque nous sommes des Êtres de Lumière, immortels.

Fais comme tu veux, mais si tu es angoissé par la mort, trouve un moyen pour apaiser cette angoisse, et enfin VIVRE pleinement ta vie.

Je ne te donnerais pas ici la définition de ce qu'est la mort, car comprend bien : tu dois te FORGER par toi-même ta propre idée de la mort afin que cette paix soit en toi de manière immuable ! Et cela prendra le temps dont tu auras besoin.

En fait, à 18 ans, j'ai l'impression que c'est l'âge où je suis entrée véritablement dans la vie…par la mort. Une porte s'est ouverte, et j'ai basculé, pas dans le vide…mais vers la Liberté ! C'est le mot que je préfère !

L'année de mes 18 ans est aussi l'année où mon premier amour frappa à la porte…

Tu as pu constater que dans ce laps de temps, il s'est passé de belles choses et des événements plus tristes…et bien, c'est cela la vie. Imagine cela comme les courbes de biorythmes, des hauts et des bas, mais garde à l'esprit que même lorsqu'un événement est difficile, douloureux, tu vas t'en sortir, et tu en sortiras grandi, plus fort, tu auras appris sur toi, sur les autres, tu auras compris des choses. C'est cela l'expérience de la vie !

On entend souvent que c'est dans les difficultés que l'on apprend sur soi, sur nos ressources…

Qu'en penses-tu ?

La clé pour dépasser les difficultés :

La confiance, confiance en soi, confiance en la vie.

On approche à petits pas de la fin de ce premier chapitre, mais avant je vais te raconter des anecdotes liées aux premiers signes de cette faculté merveilleuse.

Mon frère avait eu une voiture de prêt pendant la réparation de sa voiture. En allant chercher des cigarettes, il laissa la voiture allumée avec les clés sur le contact, et entra chez le buraliste. Lorsqu'il en sortit, celle-ci avait disparu.
Je travaillais alors vers Avignon, et sur la route, je fus interpellée par une voiture (Twingo rose) qui ressemblait à la voiture prêtée. La voix intérieure me dit : « Arrête-toi, arrête-toi ».

Je me dis (mon mental), mais non ce n'est pas celle-là.
Arrivée chez mes parents, je ne vois pas la voiture prêtée mais mon frère est là…
Il m'explique tout de suite qu'on lui a volé…
Ni une, ni deux, cette fois-ci j'en suis sûre, je lui dis : « Je sais où elle est », et lui indique l'endroit.

Comme il a fait entre-temps une déclaration de vol, il est obligé de prévenir la police, et indique le lieu dont je lui ai parlé.
La police constata que c'était bien le véhicule…

J'étais scotchée, excitée ! Cela faisait la deuxième fois que j'entendais cette voix intérieure, et c'était juste. Evidemment, je me suis dit que la prochaine fois, je l'écouterai !
Le décès de ma grand-mère m'avait plongée dans une déprime…je dormais beaucoup, moi qui d'habitude était joyeuse et remontait le moral aux autres, là ce n'était pas le cas. Ma mère appela son magnétiseur mais il n'était pas là. Son répondeur renvoyait vers les coordonnées de son fils, lui-même magnétiseur. Me voyant si mal, ma mère m'y emmena.

Lorsqu'on passa la porte de chez lui, il nous dit : « Vous n'êtes pas venues à deux, vous êtes venues à trois » ...ma grand-mère était là bien sûr !
Et là, il nous expliqua pourquoi la fenêtre derrière lui restait toujours ouverte : « ça rentre, ça sort ici ! ».

Il travaillait à l'aide de cristaux, il les posa sur mes chakras.
Après la séance, je repris du poil de la bête, et fis des choix décisifs pour mon avenir.

Pour clôturer cette première partie de voyage intérieur, je t'invite donc à être attentif aux signes qui se présentent à toi sous différentes formes : bruit, craquement, effleurement, sensations, froid, chaud, un oiseau, un mot qui revient plusieurs fois dans des conversations, une personne que tu croises, un nom que l'on te donne, une musique, un titre de film, de livres…Cela s'appelle le 6ème sens. Le 6ème sens n'est pas un seul sens, c'est l'accès à tous nos sens psychiques : clairvoyance (écran intérieur), clairaudience (voix intérieure), clairsentience (ressenti corporel), clairalience (odeur), clairgustance (goût), claircognition (savoir à un niveau profond).

Comment les développer ?
Accepte que ce que tu ressens, vois, perçois…est une expérience réelle.
Plus tu vas expérimenter, et constater que ton ressenti, tes perceptions sont justes, plus tu vas te faire confiance !

Les signes se glissent dans notre quotidien, et nous éclairent si l'on est attentif. Dès que tu en remarques un, essaie de le décrypter, demande de l'aide (en pensée) pour comprendre ce signe (d'autres signes viendront t'éclairer), ou contacte la personne qui te guide. Plus tu seras attentif aux signes et plus tu en auras ! Tu développeras ainsi ton potentiel en apprenant à les comprendre par toi-même !

Surtout n'aie pas peur, ne te coupe pas de ce don merveilleux de sensitif ! Il va te rendre la vie plus belle.

Confiance !

Prends conscience de ton hypersensibilité, et dès lors tu verras que la vie mettra sur ton chemin de belles personnes qui te guideront, comme celles qui m'ont guidée (visibles et invisibles) depuis mon plus jeune âge.

Chapitre 2
Nourriture spirituelle

J'avais toujours en moi la certitude chevillée au corps que j'avais une vie un peu, en toute humilité, extraordinaire, qui m'attendait…

A 20 ans, je me questionnais sur mon avenir et n'étais pas certaine de vouloir prendre la voie commerciale car j'étais alors en BTS Action Commerciale, et j'avais déjà des propositions de contrat à l'issue, mais…

Un jour, je retournais voir ce magnétiseur et lui fis part de mes interrogations quant à mon avenir professionnel.

Il me dit : « Tu veux être hôtesse de l'air ? »
Je réponds : « Non »
Il me dit : « Je te vois, décoller, atterrir, décoller… »
Je sors de chez lui, et me dit qu'à une période de ma vie, j'avais bien pensé être hôtesse, mais maritime…

L'idée d'être hôtesse de l'air me plut et je me mis en route pour effectuer les démarches et notamment suivre une formation, puis réussir l'examen, obligatoire, pour postuler auprès des compagnies aériennes.

Cette année-là fut l'occasion de tester ma pugnacité : faire la formation Sécurité Sauvetage, réussir l'examen, et obtenir mon BTS ! Avec le recul, je constatais que je n'avais pas choisi la facilité !

Mes parents n'intervinrent pas dans mon choix mais je sais que mon père notamment doutait de ma réussite, et ma mère me laissait faire. Ils n'avaient pas les moyens de me payer cette formation onéreuse, je fis donc un prêt (comme ça si j'échouais dans cette voie, je ne devais rien à personne). Je n'avais alors qu'un objectif : Réussir ! Prouver à ceux qui doutent que les rêves se réalisent.

Je sais qu'on me regarde d'ailleurs quelquefois bizarrement car je dis : « Soyez rassuré, ça va marcher ! », et comme ça marche, je vois bien le regard des gens…et cela me fait rire !

Confiance !

La médiumnité fait partie des facultés que l'on peut développer.

La médiumnité, c'est être un canal entre l'ici-bas et là-haut…mais en fait il n'y a pas de séparation ! Les défunts sont partout, avec nous. Il y a ceux qui vont et viennent pour aider leurs proches et autres, il y a ceux qui vivent dans l'illusion d'être encore en vie et qui recréent exactement les mêmes conditions de vie que lorsqu'ils étaient vivants, il y a ceux qui ne comprennent pas qu'ils sont morts, il y a ceux qui ont tellement souffert qui ne voient pas la Lumière…

Il y a très peu de « pur canal » sur Terre c'est-à-dire des personnes canalisant « sans filtre ». Le médium reçoit des messages des défunts sauf que parfois ils racontent n'importe quoi…alors vigilance, assurez-vous d'avoir des éléments concrets pour vous permettre d'être certain que c'est bien la personne que vous connaissez.

Lorsque cette faculté se développe, elle te permet aussi d'élargir ta conscience et de recevoir des informations nouvelles (innovations, inventions…). Certains voient les défunts, d'autres les ressentent (ressenti physique), d'autres entendent…et tu peux avoir toutes ces perceptions. Les limites sont créées par nos peurs.

Si tu te reconnais dans cette description, tu es médium, mais tu n'es peut-être pas destiné à avoir un cabinet de voyance et à recevoir des gens pour leur dire leur avenir et les conseiller. Tu peux également être un brillant physicien-médium, et tu pourras grâce à tes canalisations apporter une nouvelle vision, une nouvelle découverte au Monde (car ce sera le moment, et l'on te choisira pour apporter cette vérité au Monde).

Tu comprends où je veux en venir ?

Ne cours pas voir tes parents après avoir lu ce livre en criant : « ça y est, je sais, je suis médium ! Il est hors de question que je continue mes études de droit ! »

Outre le fait que tes parents vont me haïr (j'assume) et certainement sauter au plafond…, je veux t'expliquer que cette prédisposition n'est pas incompatible avec un autre métier « plus traditionnel ». Au contraire, tu pourrais grâce à cela, apporter des avancées significatives, des découvertes (c'est comme ça que les grandes découvertes ont été portées à la connaissance du monde, par l'intermédiaire de scientifiques « connectés ») car tu auras des messages, des idées brillantes, des solutions car le médium est connecté en permanence et donc inspiré, et c'est valable pour toute discipline.

Je ne te dis pas non plus de ne pas ouvrir ton cabinet, que ce soit en tant que médium-clairvoyant mais avant de te lancer : réfléchis à ce que tu veux vraiment être, laisse parler ton cœur !

Tu dois réfléchir à ton orientation ?
Si tu es bouleversé, stressé, que tu as du mal à y voir clair dans ta vie, je t'invite à expérimenter la méditation pleine conscience. La méditation est en plein essor, et arrive même dans les entreprises, les écoles pour retrouver la

paix intérieure, être plus présent, plus attentif et vivre chaque jour de ta vie un peu plus en conscience.

Que voulais-tu faire quand tu étais enfant ? Quels sont tes hobbies ? Pose-toi ces questions pour aller chercher en toi quelles sont tes envies profondes et ce qui te motive vraiment en t'affranchissant de ce que veulent tes parents, ton entourage.

Bénéfices de la méditation

La méditation pleine conscience (cf références bibliographiques) peut t'aider à te centrer, à apprendre à te connecter à ton être essentiel pour trouver la paix intérieure au milieu du brouhaha quotidien. Sache qu'il y a en chacun de nous, une partie de nous qui est toujours stable, en paix. Dans un endroit calme, en silence, connecte-toi à cette partie de toi, en pensée, tu peux dire : « je me connecte à cette partie de moi toujours stable, en paix ». Ressens ce qui se passe dans ton corps…

Expérimente, ressens…quel est ton besoin ? La méditation t'amène à prendre soin de toi, à te connecter à ton être essentiel pour savoir ce que tu veux vraiment, et ce n'est qu'en accédant à cette paix en toi que tu peux savoir ce qui est **juste** pour toi. Pas ce qui est bien ou mal, ce qui est **juste pour toi**.
Quelques minutes de méditation, chaque jour ou régulièrement, guidée ou pas, quelques minutes avec toi-même… (youtube, applis).

Tout au long de ces carnets, je te transmets des outils, à toi de voir si celui-ci ou un autre te convient mieux ?

Pose-toi toujours la question, si cela résonne en toi, si cela est **juste** pour toi, en ce moment.
Ainsi, tu apprends à te connaître.

Le choix de la voie professionnelle se pose forcément à un moment donné, je te dis, écoute-toi à ce moment-là et n'aie pas peur de te tromper. Tu es jeune, tu vas grandir, évoluer, apprendre à te connaître, il est donc tout à fait normal de prendre une voie différente quelques années après, et encore quelques années après…Tu vas évoluer toute ta vie, tu vas faire des choix, prendre un chemin plutôt qu'un autre, c'est ta vie, tes expériences de vie, et quelle richesse ! Tu vas acquérir des connaissances, des savoirs faire différents, c'est ta vie. Auprès des parents, tu devras peut-être argumenter tes choix mais si tu le fais de manière pacifique, réfléchi, posé, et que tu oses faire un choix qui leur déplaît (pas pour leur déplaire) mais pour t'affirmer en tant que jeune adulte, ils devraient être fiers. Tout est dans la manière de présenter la chose, si tu as les arguments, et que tu mets un joli ruban rouge autour…tu devrais les convaincre, je l'espère !

Et réjouis-toi car la vie est pleine de belles surprises ! Souris ! Sois heureux !

Je peux dire aujourd'hui que les livres m'ont nourrie. J'aime être en présence de livres, j'adore aller dans les bibliothèques découvrir de vieux manuscrits, j'aime le calme intérieur que me procure la lecture, et bien sûr c'est une véritable nourriture, je dévore les livres !

Mes lectures ont été à partir de 20 ans essentiellement spirituelles, et historiques.
Je te donnerai quelques références à la fin.

Je parle toujours avec ma grand-mère, aux esprits qui m'entourent, que je sens mais que je ne vois pas.

Cette partie de ma vie était faite d'un nouveau virage professionnel et affectif. Les choix sont difficiles et/ou évidents quelquefois, il nous faut ensuite avoir le courage d'oser même si l'on sait que l'on va faire de la peine (ce n'est pas notre intention mais la conséquence de notre choix). Ne choisis pas d'être malheureux, dans le but de ne pas faire de peine à quelqu'un ! Car en ne suivant pas l'élan de ton cœur, tu te fais du mal à toi ! Respecte-toi, aime-toi ! Et si tu expliques à la personne les raisons de ton choix, dans le calme et le respect, cela ne lui enlèvera pas son chagrin mais cela lui permettra plus facilement (moins de colère) de comprendre ta décision car tu te seras positionné clairement, en argumentant.

A 21 ans avec mon CSS et BTS en poche, je fis le choix de devenir hôtesse de l'air.
J'envoyais donc des dossiers de candidature dans toutes les compagnies aériennes françaises, et après quelques sélections infructueuses, je fus embauchée par une petite compagnie aérienne alsacienne, filiale d'une compagnie suisse. Et me voilà partie en Alsace avec quelques cartons dans la voiture, à 800km de ma Provence natale ! Je prenais mon envol, et malgré une petite

appréhension, car j'allais vers l'inconnu (pas d'appart, pas d'amis, pas de famille), j'étais heureuse et libre !

Les signes ne me quittent plus désormais et j'en suis ravie ! Je remercie très souvent. Mes lectures étaient toujours axées sur les questions existentielles de la vie : « Qu'est-ce que je fais là ? Comment puis-je être utile aux autres ? au monde ? et toutes les questions de compréhension de notre monde !

Je t'ai parlé de mes lectures égyptiennes, et j'aimais bien l'idée de l'Egypte ancienne, que la mort est un passage… rituel d'embaumement, vases canopes près du défunt, et toutes ces magnifiques fresques qui racontaient ce passage de la vie à une autre vie.

La vision de la mort peut s'adoucir grâce à ces lectures historiques qui restituent de manière allégorique ce passage de la vie à une autre vie…une transition d'un niveau de conscience à un autre, et que nous appelons, nous, terriens, la mort…
Bon, malheureusement, il n'y a pas que cela, ils enterraient aussi des serviteurs vivants avec leur pharaon, pour qu'une fois arrivés de l'autre côté, le pharaon les ait à disposition…

Pourquoi ne l'appelle-t-on pas le passage ? C'est quand même beaucoup moins anxiogène ! C'est bien un passage de niveau de conscience à un autre.

Ne crains pas de parler de la mort avec tes amis…Ils ont peur comme toi, cela pourra t'aider car ils auront peut-être des expériences à partager !

Tu trouves peut-être que je parle trop de la mort mais j'insiste car cette angoisse de la mort commence à occuper notre esprit très tôt, vers 5-6 ans. De plus, cette angoisse peut-être plus ou moins handicapante dans la vie selon le rapport que l'enfant a eu ou non très jeune avec la mort, la perte d'un parent proche et si les parents n'ont pas toujours les mots qu'il faut pour apaiser (car eux-mêmes sont dans la douleur), la souffrance d'un tout-petit ne peut pas s'exprimer sereinement. Cette angoisse chez l'enfant peut rejaillir par de la colère, violence à l'égard de son entourage.

La mort peut être angoissante si soi-même on a perdu très tôt un être cher, et j'insiste sur le fait que si tu vis avec cette angoisse de la mort, il te faudra tôt

ou tard t'en préoccuper ! Pourquoi ? Parce que sinon, la mort va te « pourrir » la vie !
La mort ne doit pas être un sujet tabou, et plus tôt tu trouveras en toi la paix, plus vite tu pourras ETRE pleinement dans la vie.

Comment faire ? Regarde-la en face ! Et décide dès aujourd'hui de te faire ton idée de ce qu'est la mort, par des lectures, conférences, questions aux plus anciens etc…Ecoute, cherche et trie ! Petit à petit, tu vas te construire une solide idée de ce qu'est la mort pour toi, une certitude, je te l'ai déjà dit, immuable, inébranlable, qui ne viendra plus t'empoisonner la vie, et qui t'aidera lorsque celle-ci te touchera de près.
Malheureusement, je croise beaucoup de personnes qui n'ont pas fait ce travail, car c'est un véritable travail sur

soi que de trouver cet apaisement, et qui se sont construits avec cette angoisse. Le résultat est qu'ils n'osent plus rien ! Ils ont peur de la mort, et du coup, peur d'être seul, peur du changement, peur d'être malade etc…Cette peur de la mort cristallise autour d'elle des tas d'autres peurs ! Cela devient l'enfer pour soi et pour l'entourage ! Je perçois tout de suite les gens qui ont peur de la mort, à leurs comportements, leurs discours, ils sont dans une véritable spirale, et je dirais que plus on vieillit…moins ça s'arrange car se greffent toujours plus d'autres peurs et l'on devient de moins en moins libre. Les personnes que je vois sont très dépendantes affectivement, et créent des conflits autour d'elles à cause de leurs peurs, mais elles ne s'en rendent même pas comptes !

Je te dépends un tableau plutôt sombre mais la vie passe vite, et tu peux te retrouver à 60 ans aigri, plein de remords, de regrets, d'amertume, de rancune car tu n'auras pas réalisé les rêves que tu avais…à cause de ta peur de la mort !

Tu es un être conscient d'avoir d'autres perceptions, d'être médium, et tu es décidé à te forger ta propre vision de la mort ?
Tu as accès à une multitude d'informations pour te forger une solide idée de la mort, fais le tri en te posant toujours la question : est-ce que cela me parle ? Est-ce que cela résonne en moi ? Ton idée de la mort évoluera aussi avec le temps et l'expérience, et c'est tant mieux, elle sera encore plus solide !
Confiance, tu vas réussir !

Après ça, je t'assure, tu te sentiras plus fort pour affronter les difficultés de la vie puisque tu n'auras plus peur de la mort !

Tu comprends ?
Si tu n'as plus peur de la mort, d'autres peurs qui étaient dépendantes de ta peur de la mort vont s'étioler, disparaître ! La peur d'être seul par exemple, car en ayant dompté la mort, tu es sans doute un meilleur compagnon pour toi-même !
La disparition de cette peur t'amènera à plus de liberté, tu seras libre d'être TOI, épanoui, heureux d'ETRE dans la vie !
C'est une belle victoire…je dirai même une 2ème naissance ;-) !

J'espère que ces quelques conseils pourront t'aider à prendre conscience de l'importance de s'occuper de la mort maintenant !

Quelques mois après mon arrivée en Alsace, je fis la connaissance de quelqu'un, qui habitait un immeuble où se trouvait une médium.

En voyant sa plaque, je me dis : « Je vais aller la voir ».

Arrivée chez elle, et aussitôt assise, elle me dit : « Si vous tirez cette carte, ce sera çi…si vous tirez cette carte, ce sera ça…et je tirais à chaque fois la carte dont elle me parlait avant…et cela m'agaçait (intérieurement) ! A la fin, elle me dit : « Je crois que vous devriez contacter cette personne, et me donna ses coordonnées ».

Grâce à elle, je rencontrais mon Maître, mon guide spirituel et celui grâce à qui j'ai pu développer mes sens psychiques et ma médiumnité, Jean.

Mon initiation allait commencer…

Je conclurais en te disant que même si tu es déjà sur le chemin, tu vas apprendre toute ta vie, ne te positionne jamais au-dessus des autres, sois humble, intègre, écoute ton cœur !
En hommage à Mère Teresa dont j'admirais la joie de vivre, et la pugnacité :

« Yellah ! » (En avant !)

Chapitre 3
L'initiation

Je travaillais donc comme hôtesse de l'air, cela me plaisait mais c'était un métier très fatigant ! J'apprenais à me connaître…très attachée à mon sommeil, les réveils en pleine nuit, très peu pour moi ! Je commençais à prendre conscience que j'aimais la solitude et les activités associées (lecture, méditation, écriture…), tout comme j'aimais les gens, être au contact des autres, observer, écouter, échanger…

Je me nourris depuis de ces besoins d'être parfois seule et parfois en « bonne compagnie ». « Bonne compagnie » n'est pas un jugement, cela signifie que je choisis en conscience avec qui je partage mon temps.

La lecture me permettait de m'évader, de voyager, de m'instruire, d'imaginer. J'aimais nager, et m'étais même essayée au Kung Fu, pour tenter de canaliser mon énergie. J'ai de l'énergie mais je n'aimais pas la dépenser par l'activité physique, mais plutôt par la contemplation, la réflexion, l'analyse, la compréhension. C'est cela apprendre à se connaître, écouter tes besoins, tes envies profondes et agir. Plus tu agiras en répondant à tes aspirations profondes plus tu seras dans la joie, la confiance. C'est un cercle vertueux ! Tu t'apportes à toi-même ce dont tu as besoin pour t'épanouir, être heureux. Personne d'autre ne peut le faire à ta place...car qui te connais mieux que toi-même ?!

Tu es sur ce chemin de la connaissance de ta nature véritable, de qui tu es vraiment, sois patient, cela prend du temps car en même temps que tu avances sur ce chemin, tu évolues et te dévoile un peu plus...à ton rythme, patience !

Apprendre à se connaître, c'est aussi apprendre à ne pas se juger...Accepte qui tu es, tu es un ETRE MAGNIFIQUE, TU ES UNIQUE ! Mais tu n'en as peut-être pas encore conscience.

Cesse de te comparer aux autres, tu es TOI et c'est de toi dont le monde a besoin, c'est pour cela que tu es sur cette planète...pour **devenir** qui TU ES et **agir** en étant **LIBRE** d'être qui tu es, et non pas être ce que l'on attend de toi.

Tout vient de toi, si tu n'es pas heureux, ne blâme pas les autres, mais toi-même ! Tout est à l'intérieur, tout ce merveilleux potentiel ne demande qu'à être révélé, *es-tu prêt ?* C'est à toi seul de jouer, à toi ! Ta capacité à être heureux dans la vie vient de toi, alors aime-toi et l'Univers t'aidera. Chaque jour, tu crées ta vie à partir de ce que tu es à l'intérieur, tu comprends ? Si tu es en colère, triste, blessée…demande une aide thérapeutique pour te libérer de ces émotions qui t'empêchent d'être TOI.

Je pris rapidement rendez-vous avec Jean pour une première entrevue, et ne fus pas déçue !

J'étais face à un personnage extraordinaire, un Sage qui aime rire et faire rire, quelqu'un qui lit sur vos oreilles et vous dit entre autres, combien d'heures de sommeil il vous faut, voit les entités présentes, entend…Bref, un maître, le maître que je cherchais !

Dès le premier rendez-vous, il me confirma que j'étais médium, et me précisa que son rôle était d'instruire, et de « fabriquer des médiums » …

Je lui demandais : « C'est-à-dire fabriquer des médiums ? »
« Oui, développer cette faculté grâce à des outils comme les formes ésotériques (carré, étoile à 5 branches, cercle, triangle, point au milieu d'une feuille, les couleurs, les chiffres) et tout l'enseignement ésotérique qui permet

de savoir qui l'on est, où l'on va, et dans quel monde ! »

Une source inépuisable, puisque dès que je lui pose des questions, il me répond aussitôt, et une question en amène souvent une autre. J'ai tout enregistré pendant mes 3 années d'enseignements sur un dictaphone.

Ces 3 années furent exceptionnelles puisqu'elles me permirent de savoir qui j'étais, de développer ma médiumnité, et d'avoir à mes côtés, un ami, un papa spirituel, un guide extraordinaire dans ma vie quotidienne.

Ces 3 années vont être racontées ci-après par des anecdotes, quelques enseignements essentiels que tu dois connaître.

Trois années, cela peut te paraître long, mais 3 ans dans une vie, c'est si peu !

Je tiens à préciser avant de commencer dans cette folle farandole, que l'enseignement qui m'a été transmis est ésotérique, aucun dogme, aucune religion. Quelquefois, tu retrouveras peut-être des phrases de « références » car elles ont été dites par tel ou tel prophète, mais sache que cet enseignement est universel et on le retrouve disséminé dans certaines religions ou philosophies. Très impatiente à l'idée de commencer cet enseignement, j'achetai un cahier, un dictaphone et des cassettes, puis me rendis au moins 1 fois par mois chez mon instructeur.

Je commençais donc à travailler sur des formes, je ne me souviens plus quelle était la première forme sur laquelle je devais exercer mon 3ème œil, mais ce que je peux te dire, c'est qu'à chaque fois, il se passait des choses sur cette feuille à fond blanc !

Par exemple, je travaillais à me centrer sur un point au centre de la feuille. Le but était de focaliser mon attention, ma conscience sur ce point précis, ensuite, je scotchai sur ce point une graine, je vitalisais cette graine pendant des semaines en fixant mon regard sur celle-ci. Je la mélangeais ensuite à tout mon paquet de graines, et celui-ci était entièrement vitalisé ! Je faisais ensuite pousser ces graines sur du coton, comme on le fait lorsque l'on est enfant, en début de chaque année. Les graines germent, et tu peux les couper et les manger en salade pour augmenter ta vitalité (on mange souvent des aliments pauvres en énergie car industriels ou sans vitamine). Ceci est un exemple parmi tant d'autres de ce que l'on peut réaliser par la focalisation d'une pensée…Imagine, nous pensons sans arrêt ! Et justement nous créons notre réalité à partir de nos pensées, il nous appartient d'apprendre à les maîtriser ! *Comment ?* En apaisant le mental qui rumine, ressasse, questionne sans cesse, en méditant par exemple, grâce au Reiki etc…je t'encourage à découvrir les outils existants qui t'aideront à apaiser ton mental, écoute ton ressenti, lui seul est juste et te guide.

Tu peux faire de même avec la flamme d'une bougie. Fixe la flamme et demande clairement ce que tu veux : « Je veux, j'ai… », sans douter. Répète ceci plusieurs fois, et visualise le résultat.

Expérimente. La focalisation couplée à la visualisation de ta pensée matérialise ta demande. Ta vie EST ce que tu PENSES.

Je travaillais également sur le cercle, en fixant toujours au milieu, sans loucher mais en baissant légèrement les paupières. Au début, cela commençait par la vision clairsemée de personnages, quelques couleurs, tantôt à droite, tantôt à gauche, au milieu. Je notais tout ce que je voyais lorsque je travaillais chez moi, puis lors de la séance suivante, Jean m'interprétait ce que je voyais. Selon que tel personnage était à gauche, cela voulait dire ceci, mais toujours par rapport à moi. Je voyais aussi des animaux, et plus je travaillais, plus je pouvais les décrire dans leur attitude, puis dans leurs émotions, c'était magique ! Ce travail m'a appris à faire encore plus confiance à mon ressenti, aux informations qui venaient par les facultés extra-sensorielles et sans y réfléchir. Les intuitions n'utilisent pas l'intellect, elles passent par d'autres canaux que le mental sinon ce ne sont plus des intuitions mais des réflexions, analyses déformées qui ne reflètent pas la réalité plus vaste…celle dans laquelle les personnes pleinement conscientes vivent.

Je travaillais sur au moins une vingtaine de figures géométriques différentes, sur un dessin jaune imprimé de noir où lorsque je louchais en regardant au centre, je voyais un moule à Kouglof, et si je regardais au-delà du moule, je voyais autre chose…
Tout ceci m'a permis d'élargir mon champ de conscience, de voir au-delà du voile des illusions.

A tel point que je peux voir désormais les élémentaires dans les arbres, dans l'herbe, dans le sable sur la plage ! C'est étonnant et merveilleux tout ce petit monde qui vit en permanence autour de nous !

Anecdote

Allongée sur une plage de sable, je me suis mise à loucher légèrement et apparut devant mes yeux émerveillés, un monde en 3D, bien vivant d'élémentaux rieurs et enjoués qui me souriaient, un moment magique comme seul Dame Nature sait nous offrir !

La même chose se produisit lorsque je m'allongeais dans mon jardin, au ras de l'herbe, je louchai et vis le sol en 3D avec pleins d'élémentaux heureux de cette rencontre inattendue ! C'est cela accéder à d'autres réalités, d'autres niveaux de conscience. Plus tu élargis ta conscience, plus tu peux accéder à ces réalités. Souviens-toi la réalité est bien plus vaste que ce que tu VOIS aujourd'hui !

Il te faut y croire…Si tu n'y crois pas, tu ne verras rien…

Choisis ton arbre
L'une des premières choses que Jean m'a dit de faire, c'est de choisir un arbre ! Un seul, unique, pour la vie.

T'es-tu déjà adossé au pied d'un arbre ? As-tu ressenti son énergie vitale te parcourir ?
Et bien essaie ! Si tu es attiré par un arbre, prends le temps de le serrer dans tes bras, tiens une de ses branches et demande-lui, ce que tu veux !

J'ai donc choisi un arbre, qui est devenu mon arbre ! Il est merveilleux et rempli de nombreux élémentaux !

Choisis ton arbre, prends-le en photo car tu n'habiteras peut-être pas toujours à côté…
Imprime la photo, et regarde dans son feuillage attentivement…
Tu y verras sans doute des gens, des animaux, des élémentaux (lutins, trolls, fées, elfes etc…) !

Et pour cela, pas besoin d'être médium, tout le monde peut voir, il suffit d'observer.
Les arbres sont comme les humains, sauf qu'ils ne parlent pas…
Son feuillage ressemble à notre chevelure. Ses branches s'apparentent à nos bras, son tronc à notre tronc, ses racines à nos jambes, et contrairement

à ce que l'on pense…lui aussi pense ! Il peut agir sans se déplacer, et nous aider dans notre quotidien à résoudre des problèmes.

Lorsque tu l'auras choisi, enlace-le et dis-lui clairement que tu le choisis comme arbre (en pensée si tu préfères).

Pour expérimenter rapidement la télépathie entre ton arbre et toi, je te conseille le test suivant, si tu as le permis de conduire ou si tu es en conduite accompagnée :
Tu vas devoir te garer et trouver une place, et ce n'est pas toujours facile, anticipe ta demande en pensée après avoir salué ton arbre, demande-lui de te trouver rapidement une place de parking…Tu vas voir, tu vas épater tes

parents, qui finiront par te dire un jour : alors toi, tu trouves toujours une place !

N'oublie pas de toujours remercier ton arbre.

Instaure une relation complice, amicale et sincère et ton arbre pourra t'apporter de nombreuses solutions.

Expérience
Tu as un problème. A distance ou si tu le peux, va voir ton arbre, mets la main gauche sur son tronc, explique clairement le problème, et demande-lui de t'apporter une solution. Tu lui dis que tu reviendras dans x jours.
Lorsque tu reviens, mets ta main droite sur son tronc, ou à distance (même procédé), et demande qu'il te communique la solution.
Essaie, expérimente.

Petite précision : n'écoute pas avec tes oreilles externes, mais avec ton cœur spirituel…lieu qui te relie naturellement à tous les êtres vivants.

Ces échanges avec ton arbre vont te permettre de développer ta connexion avec la Nature. Tu te sentiras ainsi plus relié à Gaïa, notre planète, et à tout l'univers. Cette unité te permettra d'être plus en harmonie avec le grand Tout, et avec toi-même !

La Nature ne juge pas, elle est toujours accueillante, bienveillante. N'hésite donc pas à aller en forêt te balader pour retrouver le calme intérieur, parle à la forêt, va dans ton jardin, pieds nus pour te reconnecter à la Terre. Cours dans les champs de colza pour te revitaliser.

Intègre l'importance de ce lien privilégié avec Dame Nature, et notre planète.

Si tu aimes les pierres, les cristaux, laisse-toi guider vers les pierres qui t'appellent. Pose-les sur ta table de chevet, et utilise-les selon ton ressenti en les tenant dans tes mains, ou si tu connais les 7 chakras principaux, positionne-les dessus en fonction de ton état. C'est un soin que tu peux te faire lorsque tu en ressens le besoin. Demande au vendeur les propriétés de chacune ou regarde sur internet. Avant de les utiliser, passe-les sous l'eau une à une en demandant qu'elle soit purifiée puis recharge-les au soleil (à faire régulièrement).

Le monde minéral, végétal, et animal est bien vivant et t'apportera son savoir.

Sois à l'écoute, accueille ce qui vient à toi et fais toi confiance !

Expérience

Sur ton arbre ou un autre mais avec un périmètre assez dégagé :

Fronce légèrement les sourcils, comme si tu voulais loucher, regarde en direction d'un arbre. Autour de cet arbre, tu pourrais apercevoir une lumière blanche, vaporeuse. Vois-tu cette lumière se distinguer autour de son feuillage ? Oui. Et bien, tu viens de voir la dimension éthérique de cet arbre ! Félicitations ! Ceci est prometteur. Plus tu t'exerceras, plus tu auras cette capacité de voir l'énergie de tout être vivant dans la Nature et également celles des personnes. Ne te décourage pas, si tu ne l'aperçois pas dès les premières tentatives, persévère, et détends-toi.

Si tu le souhaites, tu pourras apprendre à déchiffrer une aura, et cela pourra t'être très utile dans bien des cas.

L'aura est comme un arc-en-ciel qui nous traverse et selon nos émotions, ou pathologies, cela peut permettre d'aider une personne, car certaines couleurs seront présentes à certains endroits plutôt que d'autres.

Tu es adolescent, et tu as sans doute beaucoup de questions en toi…alors l'objectif pour toi lorsque tu auras refermé ce livre, sera d'essayer de taire le flot incessant des pensées en ayant conscience que toutes ces pensées, jugements ne servent qu'à t'embrouiller…et que tu décides en conscience de les maîtriser en décidant de penser consciemment et pas inconsciemment en subissant tes pensées, *tu saisis la différence* ?

Comment ?

La première pensée qui devrait te traverser l'esprit le matin au lever est celle-ci :
Je m'aime (et avec un beau sourire stp !). **Je suis un Être magnifique d'Amour et de Lumière.**

Cela t'aidera à être bienveillant envers toi-même, à cesser de te juger et à prendre conscience que tu es beaucoup plus grand que ton corps physique.
Tu es un Être métaphysique et **multidimensionnel**.
Ce qui compte aujourd'hui, c'est toi.
Tu es un adulte en devenir, et cette transition, l'adolescence, n'est pas toujours facile à vivre. On est dans un entre-deux, pas toujours confortable, une réalité où se mêlent insouciance et merveilleux de l'enfance et cette envie d'être grand, adulte pour être LIBRE,

autonome et indépendant. Enfin…on peut être grand mais être ni adulte, ni responsable, ni libre ! *Le sais-tu* ?

Alors cette transition, cet entre-deux ne serait pas plus confortable, si tu décidais de grandir en conscience en te débarrassant de tout ce qui t'empêche de devenir cet Être LIBRE que tu veux être, en faisant déjà des choix en conscience par rapport à ce que tu veux **vraiment** ? Il ne s'agit pas d'imposer aux autres tes points de vue ou tes choix mais d'argumenter pour exprimer tes envies/aspirations profondes. *Argumenter* ? Il ne s'agit pas de convaincre que tu as raison mais d'être libre d'exprimer tes besoins, tes choix parce qu'ils sont justes pour toi et que tu puisses en assumer les conséquences. Evidemment je parle de choix qui ne te mettent pas en danger et qui sont raisonnables par rapport à ton âge. Tu peux devenir acteur de ta vie à tout âge. Être acteur de sa vie, c'est être libre.

Décide de ne plus subir, et positionne-toi clairement dans ce que tu veux être, cela t'aidera à moins chanceler, à agrandir l'espace autour de toi, à accueillir les beautés de la vie pour être un adulte épanoui, à affirmer ce que tu es avec tout ce potentiel à révéler, à exprimer tes envies même si ton entourage n'est pas prêt à l'entendre, tout simplement un adolescent qui apprend à devenir qui il est.
C'est une étape importante de maturité, de maturation même, et elle est indispensable pour que tu sois un jeune adulte bien dans tes baskets, libre, heureux d'être ce qu'il est, bien dans sa tête, bien dans ce Monde qu'il a appris à connaître et à apprivoiser.

Tu es comme un papillon dans une chrysalide prêt à éclore…alors avant que le papillon ne déploie ses ailes magnifiques, et s'envole vers sa légende personnelle, apprend à t'aimer, tu feras ainsi grandir la flamme en toi qui t'apporte toujours plus de paix et d'Amour.

L'une des clés de la paix intérieure est la CONFIANCE.
La confiance en toi que tu es en train d'acquérir, et la confiance en la vie. Si tu en es déjà à cette étape, cela signifie que tu t'es affranchi de nombreuses peurs, BRAVO.
Les peurs paralysent et détruisent toute la capacité de ton être à se mobiliser pour OSER. Les peurs créent ton corps mental, cet autre toi…qui n'est pas toi.

Comme je l'ai déjà expliqué plus haut, il est indispensable de déprogrammer des peurs car même si tu essaies de les enfouir (peur d'en parler), elles ressortiront tôt ou tard, soit ton corps somatisera (maladie), soit tu seras incapable de faire des choix pour te faire honneur.

Mon expérience te permettra je l'espère de gagner un peu de temps par rapport à ceux qui se cherchent encore... !

Je reprécise que c'est mon expérience et que chacun a son propre chemin. Tu n'es pas obligé de cheminer de la même manière que moi pour apprendre à te connaître et développer ton potentiel. N'oublie pas TU ES UNIQUE.

Il n'y a pas qu'une seule voie, mais il y a des préceptes de vie à intégrer, des lois à connaître pour se faire une vie meilleure, mon but est de te les transmettre pour tu PENSES en conscience.

« Au début était le verbe », la parole (la pensée) est créatrice de TOUT.
Comprends-tu l'importance de cette loi ?
Tout est possible, rien n'est écrit, à toi de créer la vie que tu veux vivre !
Nous avons la chance sur cette planète d'avoir le libre-arbitre…ce n'est pas le cas sur d'autres planètes !

Ces 3 années de traversée du désert, de solitude ont favorisé ce travail d'introspection. Je n'aurais pas eu la même liberté avec quelqu'un pour travailler quand je voulais, pendant des heures. Ce qui ne veut pas dire qu'on ne peut faire ce travail qu'en étant seule, mais disons que c'est plus facile…car je n'impose rien à l'autre et rien ne m'était imposée non plus.

Je continuais à exercer mes facultés sur ces formes géométriques, et mon intuition s'affinait.
Je vivais alors un peu en vase clos, comme isolée du monde. Sauf, quand je partais au travail, et quand j'étais au milieu du monde. J'exerçais le métier d'hôtesse de l'air, toute seule dans un petit avion de 33 places, et j'étais obligée d'être face aux passagers, tout le temps.
De ce cheminement, et jusqu'à aujourd'hui, j'ai appris sur mon fonctionnement, et j'aime cette idée d'aller vers le Monde (les gens), et le retour à plus de calme, de solitude, comme une respiration. Ce va et vient nourrit mon écriture.

Ma médiumnité et clairvoyance guident mes écrits, et de fait lorsque je me mets sur mon clavier, j'écris sans interruption pendant des heures (je peux même oublier de manger…), je suis hors du temps, seule et avec « eux ».
« Eux », c'est mon équipe du ciel, ma « Skyteam » ! Ils m'inspirent, et m'encouragent !

Essaie d'appréhender la solitude de manière positive, c'est un temps qui t'est offert. Oui, offert, dans ce brouhaha de la vie, une parenthèse t'est donnée pour te connecter à ton être essentiel, TOI. Cela doit te permettre de mieux te connaître, et de développer toutes tes capacités, ton potentiel.
Lorsque tu te retrouves seul, dans ta chambre, adossé à un arbre, dans un parc, face à la mer…prends le temps de l'introspection. C'est-à-dire, amène

petit à petit ta conscience sur ta respiration…Tu vas apaiser ton mental, ce bavardage incessant… ! Tu te relieras ainsi plus facilement à ta nature profonde. C'est le moment de te poser des questions…continue à respirer…et lâcher-prise…Laisse monter les réponses qui viennent à toi ! Au début, tu ne sauras pas si c'est ton mental qui te les envoie ou cet ETRE intérieur, ton intuition…Plus tu t'exerceras, plus tu te rendras compte, que toutes les solutions sont en toi. Fais-toi confiance, suis ton intuition, ce sera ta meilleure expérience de la vie. Tu verras il n'y a pas de bon ou de mauvais chemin, mais le meilleur pour toi au moment où tu en fais l'expérience !...

Le but de ce livre, je te le rappelle, est de te raconter mon histoire, et de te donner quelques clés afin de trouver ta propre Vérité. Que ce récit résonne en toi, et t'amène à comprendre sur toi, sur la vie.

Jardin des fées

Si tu souhaites accéder à d'autres niveaux de conscience, d'autres réalités c'est possible, il suffit d'y croire !

Ta réalité est basée sur ton système de croyances, plus tu élargis ta vision du monde, plus tu crées une réalité vaste, riche…beaucoup moins limitée !

J'ai déjà parlé des élémentaux, les fées font parties de ces petits êtres merveilleux qui nous entourent. Tu dois connaître la fée Clochette ? Et bien, Disney s'inspire de cette réalité pour faire rêver mais aussi pour ouvrir la jeunesse à cette réalité…et si tu y crois tu les verras !

Comment faire ?

Si tu as un jardin, un espace extérieur, tu peux créer un lieu dédié aux fées (tu le dis en pensée, je crée ce lieu pour vous...comme tu le sens), près d'un arbre, des fleurs...un endroit joli où tu pourras accrocher des cristaux, mettre des figurines féériques, laisser parler ton imagination...tu peux leur apporter du chocolat, elles adorent ça ! (Le chocolat physique ne disparaîtra pas mais elles le goûteront énergétiquement). Va régulièrement te connecter à ce lieu et demande-leur qu'elles t'apparaissent. Sois ouvert, car elles ne se manifesteront pas forcément dans ce jardin mais ailleurs ! Elles sont de la taille de la fée Clochette mais transparentes (sans couleur). Elles peuvent t'accompagner chaque jour si tu leurs demandes ! A toi d'instaurer une relation car plus tu communiques avec elles plus elles te signaleront leur présence.

L'expérience comme validation

Tes expériences te construisent, te permettent d'apprendre à te connaître, à grandir et te permettent d'intégrer ta Vérité. Lorsque tu as réussi à dépasser une difficulté, prends le temps d'intégrer ce que tu as appris de toi-même, de la nature humaine, et sois fier de toi.

Le fait de prendre le temps de fixer cette expérience, et ce qu'elle représente de positif pour toi, te permettra peut-être de ne pas faire la même erreur la prochaine fois, ou du moins de t'appuyer sur celle-ci pour rebondir plus facilement une prochaine fois. Et surtout, tu auras acquis un peu plus de confiance en toi, et c'est très important.

Pas encore adulte pour t'assumer pleinement, et plus un enfant insouciant, tu es autonome sur de nombreux aspects, mais entre-deux, alors tout ce qui peut te stabiliser, t'apporter plus de confiance, prends-le ! Ne laisse pas éteindre cette flamme naissante, qui vacille encore, mais qui a envie de grandir, et d'illuminer le monde de sa plus belle lumière. Tu es **MAGNIFIQUE** !

Il y a tellement d'événements qui peuvent nous déstabiliser au cours d'une vie, qu'il faut essayer lorsque tout va bien, d'animer cette flamme pour l'inviter à s'élever en nous. La flamme représente tel un feu de joie, la joie d'ETRE vivant, la joie de vivre, l'amour de la vie, entretiens-là, ne laisse personne l'affaiblir. Elle t'aidera à te maintenir droit lorsque les difficultés s'abattront sur toi, car tu auras confiance en toi et en la vie. Tu te tiendras debout, prêt à faire face, et déjà dans la joie de la résolution de la difficulté.

Si je me permets de te parler ainsi, c'est parce que ces 3 années ont été difficiles, comme une traversée du désert. Je crois que nous avons tous à un moment donné dans notre vie, une traversée du désert, et plusieurs fois parfois…

Ne crains pas d'être vulnérable, la vulnérabilité c'est notre capacité à ETRE véritablement en cessant de vouloir tout contrôler…par peur.

La mienne commença par le décès de mon grand-père adoré, suivi quelques jours après par l'annonce du cancer du sein de ma mère !

Lorsque tout ceci déferle, on ne se dit pas « Chouette des difficultés ! Je vais apprendre sur moi !... ». A cette époque, je n'appliquais pas encore tous les conseils de mon cher Jean…et je ne pouvais pas parce que j'étais encore empêtrée dans mes blessures d'enfant, croyances limitantes et peurs.

Je ne crois pas que l'être humain ait à passer par des souffrances pour mieux vivre ou atteindre le bonheur, ce n'est pas ma vision. Je crois que nous pouvons évoluer sans souffrance. Pour cela, il nous faut sortir d'une croyance collective judéo-chrétienne qu'il nous faut souffrir pour mériter notre paradis…

Je vous laisse ressentir si cette croyance vous parle ou pas (ressenti) ?

Puisque TOUT est en nous, chacun doit trouver la force, la volonté en soi pour faire face, et cela passe donc par la mobilisation de nos ressources internes. Les solutions sont en nous, à notre portée. Pour cela, il faut donc apprendre à se connaître, qui suis-je ? quel est mon potentiel ? Quelles sont mes ressources ?

Si tu te mets sur le chemin de la Connaissance, si tu es curieux, pose des questions, lis des livres de spiritualité, ésotériques, si tu expérimentes, si tu vas à des conférences, écoute des enseignements, tu ne pourras plus dire « je ne savais pas ! ». Tu deviens responsable de ta vie car tu es conscient. Si tu souffres et que tu as

atteint une certaine connaissance et des outils qui te permettent de moins souffrir, et de dépasser les difficultés de la vie, il t'appartient de les utiliser.
Toujours le choix de cheminer en conscience vers plus d'Amour.

Il est toujours plus facile de rester passif face aux difficultés de la vie, que de s'engager volontairement dans une démarche de changement. Pourquoi ? Décider de changer est un travail de longue haleine, et quotidien, et surtout il nous demande de regarder au plus profond de nous-même dans nos zones d'ombre, puis de lumière, mais d'abord d'ombres, et cela n'est pas très engageant. Cela nécessite de laisser notre égo négatif de côté, nous regarder tel que l'on est, et décider ou non de changer en conscience grâce à différentes étapes. Regarder en face nos défauts, nos faiblesses, nos souffrances, nous fait peur…mais si après ce bout de chemin, la Lumière de ton Être apparaissait enfin ?

As-tu peur de ta Lumière ? C'est possible parce que nous sommes tellement magnifiques et illimités qu'accéder à cet espace de liberté d'être Soi peut donner le tournis !

Préfères-tu rester dans ta prison où tu ne vois pas ta Lumière ou la laisser s'exprimer, s'extérioriser ?

A toi de choisir.

Ce livre est bien destiné à te parler de tranches de vies, d'expériences (la vie n'est que ça), et d'un processus de changement que j'ai décidé. Je ne te mentirai pas, comme je viens de le décrire, c'est un chemin difficile car il nous faut sans cesse nous remettre en question, pour nous améliorer et être le plus en phase avec ce que nous sommes au fond de nous. Cela veut dire aussi, ne pas nous laisser étiqueter, mettre dans des cases comme certains le souhaiteraient, c'est donc aussi couper des liens qui nous polluent et nous empêchent d'être nous-mêmes, mais quoi de plus beau qu'être Soi !

Que veux-tu vraiment ?
Être aimé de la Terre entière caché sous des couches de faux-semblants, ne pas être toi-même, et devenir aigri, en colère contre la terre entière ou bien devenir une personne consciente qui s'aime (sème), agit en accord avec qui elle est, responsable, en paix avec elle-même.

Qui mieux que toi peut savoir ce qui est bon pour toi ?...
TOI !

Pour revenir, à mon expérience de vie, ces mauvaises nouvelles me plongèrent dans un état de désespoir mais je ne suis pas de nature à me laisser abattre (bélier), et je suis allée chercher au plus profond de moi, des ressources pour réconforter ma mère et l'aider psychologiquement à se battre.

Je réussis grâce à Jean, mon papa spirituel qui me coacha comme il se doit pour que je ne me décourage pas. Lorsque c'était difficile, je me disais que j'étais au fond du gouffre, et qu'après il y aurait la lumière…

Jusque-là, j'étais encore dans cette croyance qu'il faut souffrir pour évoluer…Depuis, je me suis libérée de cette croyance, et cela rend le chemin plus facile.

Dans ces moments-là, on ne pense plus à sa petite personne, à ses émotions, on est dans l'abnégation et dans l'action (ça aide à tenir bon). Si tu te mets dans une posture de procrastination face aux difficultés, tu iras encore plus mal car tu te renforceras dans l'idée que tu es incapable de faire quoi que ce soit, que tu es nul…et tu culpabiliseras de ne rien faire. Dans certains cas, l'observation, la distance face à la situation peut être salvatrice. Si tu veux agir, n'aie pas peur de te tromper ! La vie s'arrangera toujours avec le choix que tu feras, et quelquefois tu penseras peut-être avoir fait le mauvais choix, et en fait ce sera encore mieux que ce tu avais imaginé !

CONFIANCE !

Je continuais mon travail d'introspection et ceci me permettait à chacun de mes cours avec Jean de mieux me connaître, et de comprendre comment le monde fonctionnait (Lois universelles) …Ce que l'on devrait nous apprendre à l'école…

Jean adore rire, et en riant il me disait souvent qu'il ne savait rien, alors que pour moi, il savait tout, c'est dire si on ne sait rien…Tu me suis toujours ? Quand je te parle d'humilité, tu comprends pourquoi ?...

Depuis je dis « Je sais que je ne sais rien », vraiment, sincèrement, la Connaissance est foisonnante, la Conscience si vaste…Je ne sais rien.

Notre monde est complexe, et régi par des lois, qu'il nous faut assimiler si l'on veut être acteur de sa vie. Cet accès à la Connaissance est indispensable pour réussir à naviguer dans les méandres de cette vie terrestre. L'accès à la Connaissance et non au Savoir (livres) est possible lorsque ton mental est sur off.

Ce sont les informations, intuitions, éclair de génie (Eurêka !), inventions donc qui nous viennent par nos perceptions extra-sensorielles. Surtout, pense à noter, dessiner ce qui te viens, ce peut-être à ton réveil (petit carnet près du lit par exemple). Comment crois-tu qu'Einstein ait trouvé la formule E=MC2 ...Einstein méditait et pouvait ainsi accéder à des états de conscience modifiés qui lui permettaient de capter des informations (Connaissance) et s'en servir…

Certes, sa formule a permis notamment de développer l'énergie nucléaire, avec tous les risques que l'on connaît et toutes les conséquences néfastes sur la

Nature, mais c'est ce que l'homme a choisi d'en faire…

En voici quelques-unes.

Tout d'abord, sache, que dans l'univers, tout est cyclique.

C'est-à-dire ?

Je te réponds ainsi :
« Au début était le verbe… », le verbe, la parole est ce qui permet de matérialiser. Toutes tes pensées, tes paroles créent ta réalité ! Elles se matérialisent, et créent donc ta réalité, présente (nous sommes toujours dans le présent).
Lorsque tu penses « futur », lorsque celui-ci se réalise, tu es toujours dans le présent…Tu me suis toujours ?

Je reviens sur le fait que tout est cyclique. Cela signifie que si tu as des pensées bien maîtrisées, et donc bienveillantes, pour toi-même ou d'autres, elles prendront formes ! Merveilleux !

Si tu as des pensées malveillantes, elles prendront formes aussi et reviendront à son penseur… !

Tu as ce pouvoir de créer, tu es un créateur.

Cela n'est ni bien ni mal, il s'agit de conscience, si tu penses tu crées. Dans tous les cas, tu as le retour. *Que choisis-tu* ?

Les journaux télévisés nous montrent ce que l'Homme choisit pour l'instant de créer par inconscience.

A toi de décider ce que tu choisis. Lorsque tu diriges ton attention sur quelque chose, une situation, quelqu'un, tu crées.

Chacun est collectivement responsable de qui se passe dans le monde. Chacun de nous.

Nous pouvons changer cela en modifiant nos pensées et en cessant d'alimenter aussi les réseaux sociaux, en ne regardant plus les journaux télévisés parce que nos pensées continuent en permanence de nourrir la colère, la tristesse…

Maîtrise tes pensées…parce que tu crées chaque jour ta Réalité.

Au cours des prochaines années, notre tâche à tous est d'apprendre à maîtriser nos pensées.

Tu comprends pourquoi maintenant ?...

Il y a encore quelques décennies, nos pensées mettaient beaucoup plus de temps à se matérialiser mais désormais alors que nous nous détachons de plus en plus de ce monde de matière, nos pensées se réalisent à vitesse grand V.
Génial ou pas, il te faut choisir ton camp ! (Libre-arbitre, toujours !)
Dès lors que tu intégreras cette loi « tout est cyclique », tu deviendras conscient que tu as créé ce qu'il t'arrive.
Tout ce qui t'arrive, vient de toi, et non de l'extérieur. Ne blâme personne de ce qui t'est arrivé. Prends le temps de te poser, d'analyser la situation, tes pensées, prends du recul, et tu constateras certainement que tu as une part de responsabilité…Si tu culpabilises, ne te haie pas…AIME-TOI !

Tu as conscience d'avoir blessé quelqu'un ?
Tu peux utiliser la formule Ho'hoponopono : « Désolé, pardon, merci, je t'aime » en pensant à la personne concernée, et répète la plusieurs fois jusqu'à ce que tu en ressentes le besoin.

La vie est mouvement ! Ne résiste pas au changement. Le changement fait partie intégrante de la vie. Résister au changement, c'est résister à la vie, à l'énergie qui circule. Tu crées des blocages en résistant.

L'expérience terrestre, une pièce de théâtre...
C'est un jeu d'âmes. Chacun a un rôle bien particulier pour faire évoluer l'autre, c'est comme un grand jeu de

rôles, une pièce de théâtre avec ses joies et ses drames…

Peut-être qu'en ce moment tu vis des difficultés relationnelles avec une personne, tu te sens persécuté, blessé ? Si je te dis que cette personne appuie là où cela te fait mal pour te faire comprendre qu'il y a quelque chose en toi qui est souffrant, pour t'en faire prendre conscience ? Comment cela résonne en toi cela ?

Que faire si tu constates qu'effectivement, tu es en colère mais pas après cette personne comme tu le croyais mais que la blessure te renvoie à une émotion que tu as déjà ressentie quand tu étais enfant : de la peur, de l'insécurité, de la tristesse, du rejet…

Cette personne que tu crois si « méchante » vient t'aider à guérir…

Ce changement de vision et ce questionnement systématique que tu peux adopter lorsque tu ressens une vive émotion montée peut t'aider au quotidien à mettre au jour des peurs profondes enfouies, des blessures bien cachées dans l'inconscient. Il te faudra passer par une thérapie pour t'en libérer, t'apaiser et être un peu plus toi-même.

Revenons à ces personnes qui semblent te montrer ce qui ne va pas en toi…

Si tu prends le temps de te poser, d'être écouté par quelqu'un afin que la soupape émotionnelle redescende, tu pourras te poser cette question : « Qu'est-ce que j'ai ressenti lorsque cette personne m'a dit cela ? »

Ressens, accueille les émotions et essaie de mettre des mots sur des maux…si cela ne vient pas, fais-toi accompagner. Chaque personne joue une partition pour te révéler ce qu'il y a en toi de dissonant pour te permettre de t'accorder avec toi-même, devenir un instrument mélodieux, harmonieux.

Allez un peu de légèreté, je vais te raconter une histoire extraordinaire vécue et bien réelle !

Prêt(e) ?

Comme je te l'ai dit, je vivais seule pendant ma traversée du désert mais j'ai vécu une histoire un peu à part, pendant ces 3 années, avec son lot d'événements extraordinaires, comme celui-ci :

Cette personne avait un château familial, et il pensait que son château avait un souterrain qui reliait son bâtiment à un château situé plus haut. Comme j'avais de plus en plus d'intuition particulièrement en présence de vieilles pierres, je lui proposais d'aller sonder la cave et de prendre quelques photos. Jean m'avait dit de me laisser guider.

Nous descendîmes à la cave pour prendre différentes photos des murs, et quelle surprise !

Lors de l'impression, le squelette d'un fantôme qui passait devant l'appareil, apparût très nettement ! Mon ami était scotché !...Moi aussi !

Mais ce n'était que le début ! ...Une autre photo sur laquelle apparaissaient l'escalier qui descendait à la cave et le mur nord de la cave révéla...des têtes !

Sur chaque marche de l'escalier apparaissait une tête d'un autre temps, et ces têtes semblaient nous amener vers ce que l'on cherchait…

En effet, sur chaque marche de l'escalier une tête, puis sur le mur nord, des dizaines de tête formaient une voûte ! …La voûte, sans doute de l'entrée du souterrain !

Moi j'en étais certaine, sauf que mon ami ne souhaitait pas tout de suite faire des trous dans le mur de la cave de son château…

Son oncle, à l'aide d'instruments corrobora l'information car ces outils avaient détecté sur tout le parcours qu'on lui avait indiqué, des endroits dans la terre où il y avait des failles (pas de terre).

Une expérience extraordinaire que j'ai pu vivre grâce à mon travail pour développer mes facultés extra-sensorielles et mon intuition.

Cette expérience était un peu hors du temps et hors du commun, un cadeau. Cela a agrandi un peu plus ma confiance en moi, et ça c'est important !

Je n'ai pas poussé plus loin mais dans la symbolique du souterrain, il y a tout de même la curiosité de découvrir les mystères de ce monde…et ce qui est invisible…C'est tout moi !

Se mettre en chemin vers Soi, c'est vivre une grande aventure !

La clairvoyance : tu as peut-être entendu parler du 3ème œil ?
Il se trouve entre les 2 sourcils (il correspond au chakra Ajna), et plus tu le développes, plus tu verras avec cet œil « intérieur », c'est-à-dire que tu verras à l'intérieur de toi, sur ton écran individuel ! Oui comme dans l'avion ! Ce qui ne veut pas dire, que tu ne verras pas des choses avec ta vue physique, mais ce ne sera pas du même ordre. Ton 3ème œil est ta clairvoyance, mais tu pourras

également voir des fées, élémentaux, personnes dans les arbres avec ta vue physique. Rien n'est séparé, tout est UN. Le fait de développer ta clairvoyance te permet de mieux voir, d'être plus conscient du monde Réel qui t'entoure, et moins dans l'illusion de la matière.

Développer ton 3ème œil te permettra d'accéder à la Connaissance par le visuel.

Le 3ème œil peut être développé par des exercices « en louchant » sur des formes géométriques sacrées, sur des dessins en 3D, de cristaux/pierres.

Le 3ème œil est notre glande pinéale. Si tu regardes un schéma de cerveau découpé verticalement, tu verras la forme d'un œil (œil d'Horus en Egypte antique). Cette glande pinéale nous permet d'être connectée à la Connaissance Universelle. Elle peut être calcifiée…il est possible de la décalcifier par un soin énergétique. Elle est calcifiée à cause du fluor notamment…Lorsque la glande pinéale est calcifiée ou trop petite, nous sommes beaucoup plus manipulables (lobby du fluor…). Développer cette glande nous permet d'être plus LIBRE, et de devenir qui l'on est vraiment, des êtres magnifiques d'Amour et de Lumière.

Tu sais désormais que ton attention (focalisation) sur quelque chose matérialise. Tu peux donc charger des pierres avec une intention particulière en la regardant chaque jour pendant quelques minutes.

Demandez, vous recevrez !
N'oublie pas dès lors que tu souhaiteras apprendre à te connaître, tu n'auras qu'à demander, avec le cœur, à

rencontrer tes guides, des personnes qui pourront t'accompagner.

Un choix à faire, pose la question : « Comment je peux servir au mieux ? Univers, montre-moi le chemin. »

Sois toujours vigilant, et suis ton intuition. Quel est ton ressenti avec à telle ou telle personne ? Tu ne la « sens » pas ? N'y va pas.

Tu seras peut-être amené à rencontrer une personne une seule fois, et ce sera par rapport à ta problématique du moment ou bien elle te donnera un « indice » ou les coordonnées d'une autre personne plus à même de t'aider. Ce sera comme un jeu de piste où tu seras testé sur ta volonté d'apprendre. Ce sera le début, ne te décourage pas à la moindre difficulté, et contacte quelqu'un de confiance lorsque tu te sens déstabilisé, ne reste jamais seul dans un mal-être. Comme je te l'ai dit, apprendre à se connaître est un chemin parfois lumineux et parfois cailouteux, et cela peut être décourageant parfois.

Connais-tu les mandalas ?
Ce sont des dessins géométriques complexes qui peuvent apporter l'harmonie, la paix, le centrage, ou permettre d'évoluer…Tu peux en trouver sur internet, laisse-toi guider et choisis-en un qui t'apporte paix et confiance. Imprime-le, et utilise-le pour te recentrer et t'apaiser lorsque tu te sens vacillé. Tu peux aussi le regarder quelques secondes le matin avant de partir à l'école ou travailler pour être bien.
A toi de trouver celui ou ceux qui te parleront le mieux ! Ecoute-toi !...

« L'équilibre du mandala se reflète sur la personne qui le dessine et transmet au cerveau une manière cohérente de penser qui facilite la guérison psychologique. » (extrait du livre « Les pouvoirs du féminin sacré » de Lama Tsultrim.

La clairaudience, c'est quoi ?

La clairaudience, ce ne sont pas tes oreilles externes qui entendent mais internes ! C'est pour cela que certains parlent de « voix intérieure ». C'est ta voix intérieure, écoute-la, ne l'étouffe pas, c'est une manière aussi d'entendre ton intuition ou ton guide.

Je t'ai parlé de ton ou ta guide ? Chacun d'entre nous a un ou une guide. Tu peux faire appel à lui pour t'aider, t'accompagner lorsque tu doutes ou lorsque tu as besoin d'un éclairage. Apprend à communiquer avec lui/elle et à recevoir ses messages.

Tu l'as compris, la médiumnité utilise différents canaux de communication et plutôt les extra-sens. Accepter ses facultés qui sont en nous, c'est accepter notre façon d'être au monde, unique.

Es-tu prêt à devenir qui tu es, sans peur ? Es-tu prêt à extérioriser ta Lumière ?

Si tu réponds oui, c'est que tes peurs ne font pas obstacles à qui tu es, c'est le chemin que tu as choisi, direct.

Si tu réponds non, c'est que trop de peurs t'empêchent d'être qui tu es.
Les peurs peuvent te couper de tes perceptions ou font écran parce que justement tu as peur de ressentir ou autre peur. Ce n'est ni bien ni mal, c'est un fait et si tu en as conscience et que tu souhaites accéder à ton ressenti pour

développer ces facultés en toi et bien tu peux en parler à tes parents ou à un adulte ouvert à cette dimension pour trouver un thérapeute.

Pour devenir un « pur » canal, sans ego négatif, il est nécessaire de te débarrasser de tes peurs, émotions négatives, blessures, mémoires anciennes…ainsi tu sauras que ce que tu entends, voit, perçoit…n'est pas le fruit de ton mental.

Ensuite, tout est question de temps, de patience…

Il y a des périodes où tu ne recevras « rien », pas de signes, pas de voix, pas de vision…

En apprentissage, le temps est notre allié. Nous avons besoin de temps pour intégrer et expérimenter.

Lorsque nous développons nos facultés extra-sensorielles, cela nous permet d'accéder à toutes les dimensions de notre être, à développer notre capacité de discernement, et à écouter notre intuition ! Notre intuition, c'est notre capacité à écouter ce qui vient…d'ailleurs ! De nos niveaux de conscience plus évolués ou de notre conscience supérieure, de notre Soi !

Je voudrais te reparler de la confiance car la confiance est le ciment pour un bon départ vers une vie d'adulte épanouie.

Dans la vie, très tôt, on nous apprend à taire nos émotions (Ne pleure pas, ce n'est pas si grave…), nos peurs (N'aie pas peur, tu peux faire ceci) … Pas de jugement, les parents font comme ils peuvent mais le constat est que bien souvent les parents n'ayant pas pu exprimer leurs émotions en étant enfant ne savent pas écouter les émotions de leurs enfants…La conséquence est que l'enfant devient incapable en grandissant d'exprimer ce qu'il ressent. Or, écouter ton ressenti, c'est écouter ta guidance intérieure. Ta guidance intérieure s'exprime grâce aux émotions. Rien n'est perdu ! Tu trouveras quantités de livres sur la manière d'accueillir et d'écouter tes émotions. Et tu pourras même partager avec tes parents !

Fais pas çi, fais pas ça…
En répondant favorablement à ces injonctions, on se perd soi-même ! Nous agissons en suivant ce que l'on nous demande pour faire plaisir et par peur de ne pas être aimé pour qui l'on est vraiment ! Et le conditionnement

commence tout petit en étant d'accord avec ce que les autres disent de nous.

Être toi de manière authentique, sans filtre, c'est dire non (tout haut ou en pensée) à ceux qui te disent « Tu es un fainéant(e), tu n'arrives à rien », « Tu es nul à l'école, que vas-tu faire de ta vie ? »…La liste des injonctions est longue ! Il y a ce que l'on te dit et tout ce que tu perçois à travers les regards des autres, leurs attitudes et comportements vis-à-vis de toi…Si tu valides chaque injonction, tu te crées un système de croyances enfermant où ton potentiel ne peut s'exprimer. Quand ce que tu es ne peut s'exprimer, **comment te sens-tu** ?...

Dans la joie, heureux, épanoui…non ?

C'est pour cela que je t'invite à t'aimer inconditionnellement parce que sinon tu vas sans cesse agir pour faire plaisir à l'autre par peur de ne pas être aimé.

Et toi dans tout ça, où es-tu ? Que veux-tu vraiment ?

Savoir répondre à ces deux questions te permet de retrouver ta puissance, ton énergie créatrice, ton être essentiel !

Bref, il nous faut très tôt apprendre à ne pas être soi-même pour répondre à toutes les demandes/attentes explicites et non explicites, conscientes/inconscientes de notre entourage et quand on se lâche c'est que cela déborde !! (Pleurs, cris, colère, tristesse).

L'inconvénient est qu'à force de ne pas lâcher prise et être qui l'on est, cela peut créer de l'anxiété, du stress, des tensions physiques et/ou relationnelles, des difficultés scolaires…et/ou somatisations physiques (maladie, troubles…).

Je ne veux pas dramatiser mais j'énonce les liens de causes à effets probables dus à un fonctionnement qui ne permet pas à l'adolescent d'avoir un espace de liberté créatif et sécure pour s'exprimer véritablement. Les problématiques familiales peuvent être traitées lors d'une démarche thérapeutique.

Les émotions, un cadeau !
Apprends à lâcher tes émotions de joie, de tristesse, d'injustice… ! Pleure, cours, hurle, tape (dans un coussin), écris, chante, va dans la Nature, exprime tes émotions par tous tes sens afin de libérer ce trop plein d'émotions qui fait mal à tes corps physique, mental, émotionnel et spirituel.
Exprime-toi sans te juger !

Lorsque tu auras libéré ces tensions, tu retrouveras la paix intérieure, et tu pourras te retrouver.

Reconnecte-toi à ce Tout, en allant te promener dans la Nature. Demande l'aide des fées par exemple, à ton arbre ou à la forêt toute entière si cela te chante !

Ne laisse pas ces tensions ou émotions négatives te polluer. Aime-toi. Tu es un être merveilleux, rempli d'Amour et tu n'es jamais seul.

Pour ceux qui sont tourmentés, se posent de nombreuses questions existentielles sur la vie, leur vie, le sens à lui donner, rapprochez-vous de personnes ouvertes à la spiritualité, et qui pourront vous guider.

Je te le dis « La vie est belle ! » mais ta perception aujourd'hui est faussée par des émotions qui t'envahissent, ou des

croyances qui t'empêchent d'être dans une réalité plus joyeuse.
Encore une fois, suis ton intuition.
Si tu as ouvert ce livre, ce n'est pas un hasard…Tu te poses des questions sur le sens de la Vie, et le sens de la tienne.

Ce que j'ai appris durant mon enseignement, est que l'on ne peut pas aider les autres tant que l'on n'est pas bien avec soi-même… !

Si tu souffres intérieurement, que tu es dans l'hyper réaction face à des situations et que cela te fait souffrir au quotidien, tu dois être aidé.

Pour réaliser ta mission de vie, il faudra pour certains « déposer les valises », c'est-à-dire ?
Se débarrasser de toutes émotions négatives liées à des souffrances de

vies antérieures/extérieures, de souffrances liées à l'enfance, des peurs, mémoires anciennes (transgénérationnel), de liens qui te polluent dans cette vie…et cela peut prendre quelques années avant de se débarrasser de tout ce fardeau…! Patience !

Plus tu nettoieras ton champ énergétique de ces énergies négatives, plus tu attireras à toi, des personnes, des situations en accord avec ce que tu deviens.

Nous venons chacun avec des bagages plus ou moins légers. Les bagages représentent notre karma, l'accumulation de nos expériences de vies dont nous n'avons plus besoin et il est possible de nous alléger pour cheminer plus rapidement.

La Réalité de ta vie va évoluer au gré de ta propre évolution, rien n'est statique, la vie est mouvement !

Ne sois donc pas surpris, peut-être, de ne plus t'entendre avec un ou une amie, de ne plus du tout avoir les mêmes centres d'intérêts. Tu évolues ! Cela modifiera de facto ton entourage…Tu vas t'entourer de personnes qui ont les mêmes centres d'intérêts (pas que), et vous vous enrichirez mutuellement ! J'ai noté « pas que » car pour évoluer, tu rencontreras aussi des personnes qui vont te sortir de tes gonds…pour évoluer !

Avec cette approche-là, chacun d'entre nous peut évoluer très vite…il faut « juste » laisser l'égo négatif de côté… ! Tu sais, celui qui te fait douter, te rappelle que tu as des peurs, celui qui te fait dévier de tes objectifs…

Lise Bourbeau dit dans son livre « Les 5 blessures » que je t'invite à lire : « Il n'y a pas de personnes méchantes mais uniquement des personnes qui souffrent. »
Qu'en penses-tu ?

Je vais prendre un exemple pour illustrer cette idée :
Si une dispute éclate avec une ou plusieurs personnes, ce n'est pas ces personnes-là qu'il faut blâmer, mais toi. Je m'explique. Si tu es sorti de tes gonds parce que cette personne a dit quelque chose sur toi qui te semble injuste, tu réagis par de la colère, des injures…
Décryptage : Ce que la personne a dit, te renvoie à une souffrance appelée « injustice », étant enfant, tu as certainement subi une ou plusieurs injustices. Le fait que cette personne

appuie là où ça fait mal, te fait réagir par de la colère, des injures...
Que faut-il résoudre ?

Tout à fait ! Il faut enlever l'émotion négative liée aux injustices que tu as subies étant enfant ! Ainsi, tu ne réagiras plus la prochaine fois à propos d'une injustice ! Cela ne veut pas dire que tu ne réagiras plus devant une injustice mais plus par des sentiments négatifs ou de la souffrance intérieure, tu pourras réagir soit par l'humour (autodérision) car tu auras guéri cette souffrance ou par une action généreuse etc...La colère aura disparu, et je peux te dire que c'est très apaisant de ne plus être en colère ou de sur réagir.

Ainsi de suite pour chaque émotion en lien avec une situation difficile que tu as pu vivre dans cette vie ou une autre vie (si tu y crois), et qui sont en général bien enfouies dans l'inconscient.

Ainsi, lorsqu'on n'en est pas conscient, c'est une dispute par exemple qui pourra t'en faire prendre conscience, et en prenant du recul sur l'événement, tu pourras identifier toi-même la blessure à panser avec du baume d'Amour.

Ce « nettoyage » peut prendre du temps car certaines choses ne sont pas prêtes à remonter au conscient.

Il y a un moment opportun pour chaque résolution. Ne précipite rien, mais chaque fois qu'une émotion négative (colère, peur, chagrin…) monte, essaie de faire le calme en toi, et de te demander l'origine de cette émotion.

Pour ma part, j'ai commencé ce travail de « nettoyage » depuis plus de 7 ans, à l'aide de la Psychophanie, de l'hypnose, et de soins multidimensionnels.

Ce qui compte pour moi dans ces approches c'est le résultat ! Le bénéfice est soit immédiat, ou quelques jours et au maximum 21 jours. Souvenez-vous de mon impatience ! Une fois en chemin, je voulais des méthodes rapides, et efficaces (résolution définitive de la problématique) et bien j'ai été mise au contact de personnes et d'outils quantiques pouvant m'aider. Je n'ai pas cherché, elles sont venues à moi parce que j'étais prête !

Je consulte encore aujourd'hui à chaque fois que nécessaire, car lorsque l'émotion négative est là, il faut traiter.

Pourquoi ?

Sinon, on se pollue la vie !

Tout est en nous...Tout ce que nous avons déjà créé (nos expériences depuis des milliers de vie), nos peurs, nos croyances limitantes auxquelles nous avons donné notre accord (enfant…), programmes inconscients…et notre LUMIERE ! Mais parfois au milieu de tout ce capharnaüm, on ne la voit pas ! Il nous appartient de faire le ménage pour que la Lumière soit visible par nous d'abord puis l'augmentation de notre champ vibratoire nous rend beaucoup plus lumineux pour les autres. C'est pour cela qu'énergétiquement, nous attirons à nous les personnes, les situations en fonction de notre vibration qui s'élève au fur et à mesure que nous déblayons ! Cette loi est la loi de la résonance.

J'attire à moi toutes les situations et les personnes dont j'ai besoin pour comprendre et évoluer par rapport à tout ce que je porte en moi. Tout ce que je vis peut me faire évoluer si je le veux !

Pour cela, il te faut sortir de cette croyance que la vie est souffrance et que c'est normal d'en ch…pour gagner le paradis. Tu peux choisir de vivre une vie de joie ! C'est toi qui décides et qui agis en conséquence ! *Alors nettoyage* ?

- o Lorsque le sentiment de colère par exemple, pointe le bout de son nez à la moindre situation, cela signifie que l'inconscient est prêt à révéler.
- o Lorsque tu vis une situation récurrente, c'est que l'inconscient est prêt à libérer l'origine de cette souffrance.
- o Lorsque dans tes relations aux autres (parent, camarade, professeur…), tu te sens rejeté,

c'est que tu portes en toi une blessure de rejet (cf Livre « Les 5 blessures ») et que l'inconscient est prêt à panser cette blessure.
- o Lorsque tu te sens triste et que tu ne sais pas pourquoi et que la joie a de plus en plus de mal à être dans ta vie, c'est que ton enfant intérieur est triste et qu'il a besoin d'être guéri pour que tu puisses être plus joyeux.
- o Lorsque tu te sens nul, dévalorisé et que tu perds confiance et estime de toi, c'est que tu as subi un événement, une situation qui te maintient dans cette énergie d'auto-sabotage

Je ne vais pas faire la liste exhaustive des problématiques que les adolescents peuvent rencontrer parce que tu es UNIQUE et que chaque problématique a une origine ou plusieurs, une réponse et des ressources individuelles.

Aujourd'hui, je suis Praticienne en Psychophanie et je reçois des personnes de tout âge qui se mettent sur ce chemin de « nettoyage », de libération pour aller vers plus de Soi, et devenir qui elles sont, à leur rythme.
Je suis très heureuse d'être dans ma mission de vie, celle que j'évoquais au tout début de ce livre « Aider les autres à être plus libres », et tu vois depuis cette conscience que c'était ma mission, il m'a fallut quelques années avant que cela devienne concret ! Un cheminement personnel thérapeutique et de connaissance de Soi grâce à la Psychophanie m'a permis d'être LIBRE et de marcher sur mon chemin de confiance.

Cet outil nécessite d'être capable de se connecter à l'autre…oui c'est un outil qui fait appel à nos facultés de télépathe. Avant de commencer la formation, je ne savais pas que j'en étais capable ! Après le 1er module de formation, en facilitant ma mère et sans penser que je devais entendre ce qu'elle devait écrire (ce qui nous avait été dit en formation), cela s'est « déclenché » ! J'en ai déduit que ce travail d'acceptation de qui JE SUIS et de mes facultés extra-sensorielles développées depuis toutes ces années avaient certainement ouvert la voie à « la voix ». Ainsi, grâce à cette pratique, il est possible de faciliter les personnes privées de parole (autistes, IMC, polyhandicapés), malades d'Alzheimer, bébés, enfants, comateux…

Qu'est-ce que la Psychophanie ?

La Psychophanie est un outil quantique et multidimensionnel, un processus de communication d'inconscient à inconscient qui permet d'atteindre les registres : émotionnel, affectif et spirituel inaccessible par la parole consciente. Les libérations peuvent se faire dans l'inconscient individuel mais aussi transgénérationnel et familial et collectif. Ainsi, quelquefois, tu peux libérer un lourd secret de tes aïeux qui empoisonne toute la famille, et se traduit de différentes façons chez l'un ou chez l'autre !

Tout travail individuel rejaillit positivement sur ton entourage !

« Soyons le changement que nous souhaitons voir dans le monde ». Gandhi

Cette phrase nous incite à commencer le changement par nous-même puisque tout changement en nous induit des changements pour l'humanité.

Pour en revenir à la Psychophanie, si par exemple ton arrière grand-père a fait la guerre de 14-18, dans les tranchées, tu peux « inconsciemment » avoir récupéré sa peur de la mort car il a vu des cadavres de près, et avait peur de mourir chaque jour.
Cette peur de la mort peut t'empoisonner la vie, tu n'oseras rien entreprendre à cause de cette peur de la mort ! Tu es seulement dépositaire de cette peur, elle ne t'appartient pas, pour autant tu peux en subir les désagréments dans ta vie, c'est cela l'inconscient transgénérationnel et familial. Mais pas de fatalité puisque d'excellentes méthodes peuvent t'en

débarrasser, l'hypnose également, c'est à toi de choisir la méthode qui te conviendra le mieux.

Regarde sur internet les différentes méthodes, parles-en à tes parents, et bien sûr écoute ton intuition !
Tu fais une séance d'hypnose et tu ne te sens pas à l'aise avec le thérapeute, change de thérapeute ou de méthode.
Plus tu apprendras à te connaître, plus tu gagneras en assurance, plus tu seras ouvert et confiant.
Tes facultés vont se développer au fil de ta vie, et tu connaîtras parfois des périodes où tu ne recevras « rien », ce n'est pas grave. Tu as probablement besoin de temps pour intégrer certaines choses, pour mûrir psychologiquement. Tu peux être évolué spirituellement mais complètement immature, ce qui se

traduira par des actes ou pensées discordantes…de toi. Cette intégrité, tu l'acquerras avec le temps.

Lorsque l'on découvre très tôt ses prédispositions, l'une des difficultés est de dompter cette impatience ! Et j'en sais quelque chose ! Avec un tempérament de feu comme le mien, j'ai bien eu du mal à patienter, à attendre d'être « grande » pour faire telle ou telle chose. C'est frustrant quelquefois d'avoir la conscience de beaucoup de choses et de ne pouvoir agir !

PATIENCE… !

« En attendant », et sans te projeter dans le futur car tout est présent, apprends sur toi, les autres, observe, écoute, accueille et tu grandiras Λ.

Tout ce que tu apprends te servira un jour.

Si adolescent, tu as vraiment besoin de te sentir utile auprès des autres, pour aider, rendre service, communiquer ta joie, cherche une activité où tu pourras te mettre à disposition des autres. Pour cela, soit à l'écoute de tes désirs, de tes envies qui viennent du cœur, écoute-toi !

Tu aimes les enfants, jouer avec eux, chanter avec eux, créer avec eux…Tu pourrais peut-être passer un BAFA (Brevet d'animateur), et être animateur lors des périodes de vacances ?
Tu aimes être en présence des personnes âgées ? Je suis sûre que près de chez toi, certaines d'entre elles apprécieraient qu'on leur apporte le

pain, des médicaments, tu pourrais proposer ton aide ?

Tu aimes être en contact avec la Nature, tu es révolté par les déchets qui la souillent ça et là ? Tu pourrais peut-être te rapprocher d'associations qui organisent des opérations de nettoyage.

Tu aimes explorer, découvrir, chercher ? Certaines associations (égyptologie, fouilles…) prennent des étudiants en période de vacances pour les aider à découvrir et révéler toutes sortes de choses enfouies dans la terre, dans des grottes etc…

Si tu es un peu perdu, fais le point avec toi-même et demande-toi ce que tu aimerais faire en ce moment ? Ecoute

ton cœur ! Détends-toi et tu verras certaines idées venir à toi, laisse venir.
Passer d'un état passif à actif va t'aider à mettre des choses en place pour te sentir mieux dans tes baskets !

L'idée n'est pas d'aller vers pléthore d'activités mais plutôt de te poser la question de ce que tu aimerais faire pour être bien avec toi-même.
Il est préférable de s'investir dans une tâche et d'aller jusqu'au bout, ainsi tu seras fier de toi, tu agrandiras encore plus ta confiance en toi, et ça c'est bon pour toi ! Fais ce que tu aimes, suis les élans de ton cœur, et ne laisse personne te déstabiliser dans ce que tu as décidé d'entreprendre ! Je sais qu'à ton âge le regard et ce que les autres pensent est important mais t'affranchir de tout cela c'est gagner ta liberté d'être, et de vivre dans la joie.

N'oublie pas !
Je m'aime inconditionnellement
Je me respecte (Je sais ce qui est bon pour moi, je connais mes besoins et je les respecte)

Tout ce que tu entreprends, fais-le toujours avec ton cœur.
Même si le regard des autres te semble injuste ou si tes entreprises sont incomprises, peu importe, avance avec ton cœur, aie confiance.
Parfois, les gens changeront ou pas, peu importe car ils verront en toi quelqu'un de déterminé, qui croit en lui, et tu constateras que tu emmèneras quelques personnes dans ton sillage…

N'aie pas peur du regard des autres, de ce que l'on pourrait penser de toi, quelle importance ! Tu observeras que l'élan de ton cœur te portera loin et

haut, tu te dépasseras et tu pourras être surpris quelquefois de la tâche accomplie !
Sois fier de toi !

Qu'est-ce qui compte le plus ?
Le regard que tu portes sur toi ! Es-tu heureux ? Es-tu fier d'être qui tu es ?
Es-tu heureux d'avoir aidé la vieille dame à traverser la rue ? Es-tu heureux d'avoir fait rire cet enfant qui pleurait ? Es-tu heureux d'avoir récupéré ce chat abandonné ? Es-tu heureux d'avoir lu une belle histoire à ces enfants ? Es-tu heureux d'avoir su écouter, juste écouter un parent en peine ? Es-tu heureux d'avoir passé du temps avec ton papie en fin de vie ? Es-tu heureux d'avoir cuisiné un bon repas pour la famille ? Es-tu heureux d'avoir pris le temps de contempler ce magnifique arc-en ciel ? Es-tu heureux d'avoir sifflé

avec ces oiseaux ? Es-tu heureux d'être heureux ?

Je t'invite à faire une liste de tous ces moments qui te rendent heureux régulièrement. Tu verras que pour être heureux, ce sont tous ces instants de bonheur qui nourrissent ton cœur, ta joie de vivre, ta présence si précieuse à la vie.

Volontairement, cette liste est faite avec le verbe « être » car ce n'est pas dans l'avoir : avoir une console de jeux dernier cri, avoir plus d'argent poche, avoir une voiture, avoir un scooter, avoir des vêtements de marque…non ce n'est pas dans la matérialité que tu trouveras ce bonheur. Plus tu auras, et plus tu voudras avoir…car tu ne seras jamais satisfait…C'est une illusion de croire qu'avoir plein de choses te rendra heureux. Jamais. Le besoin d'avoir, d'acquérir nous renvoie à des peurs : peur du manque, peur de l'insécurité…

Le chemin est vers l'être. Plus tu nourriras ton être de ces moments précieux, et plus tu seras comblé. Tu seras comblé car tous les services que tu rendras avec le cœur te combleront au-delà de ce que tu imagines. Ton esprit, ton âme seront en paix, dans le présent.

Cela ne veut pas dire que tu dois vivre une vie d'ascète et te priver de belles choses, ce n'est pas incompatible ! Tu peux être toi-même et vivre une vie d'Abondance dans tous les domaines de ta vie. Ce qui compte c'est l'équilibre entre toutes ces parties de toi qui demandent à être nourries dans l'être, l'avoir et le faire…l'Equilibre.

Si tu vis uniquement avec l'intention d'être riche, tu travailleras toujours plus pour satisfaire ce besoin insatiable et pour avoir le meilleur salaire afin de combler tous tes désirs matériels. Tu seras stressé, seras-tu LIBRE et HEUREUX ?

Bien sûr, tu peux être LIBRE, HEUREUX et vivre dans l'Abondance mais quelle est ton intention ? *Quel sens souhaites-tu donner à ta vie* ?

Pour répondre à cette question, tu as besoin de connaître tes valeurs, tes aspirations profondes, retourner voir quels étaient tes rêves d'enfant…

Si tu choisis un métier motivé uniquement par appât de l'argent, attention à la désillusion… ! Tu te créeras une prison…

Si tu fais tes choix en conscience, par rapport à ce que tu souhaites **vraiment**,

tu seras en accord avec toi-même, tout ira ! N'oublie pas, tu évolues alors tu as le droit de changer de métier plusieurs fois dans ta vie, qui t'en empêche ?!
Tout est possible… ! A partir du moment où tu libères tes peurs et tes croyances limitantes.
Suis les élans de ton cœur, c'est ton intuition.

Ton hypersensibilité t'amènera à révéler des mystères, à avoir des idées, à innover dans n'importe quelle voie professionnelle à laquelle tu te destines, tu es plein de ressources. Parce que développer nos facultés extra-sensorielles, ce n'est pas se destiner à être derrière une boule de cristal, c'est être capable de capter de l'information pour l'apporter au monde peu importe la forme : invention, livre, innovation technologique, découverte scientifique, médicale…alors tu peux être qui tu es et décider en conscience de l'apporter en exerçant tel ou tel métier. Ce n'est pas le métier qui définit qui tu es, c'est toi qui choisis le métier dans lequel tu te sentiras le plus capable d'exercer tous tes talents !

Découvre-les ! Explore ton potentiel ! Développe, agrandis ton espace ! Il n'y a pas de limites, uniquement celles que tu te mets avec tes peurs… !

Tu as des peurs ? Lesquelles ? Note-les et libère-les avec l'aide d'un thérapeute.

Et hop avance !

L'objectif est que tu te sentes de mieux en mieux, en accord avec ton être essentiel, ouvert aux autres, et à la vie !

Mets-toi en chemin, contemple le lever de soleil avec ces tons roses, et orangés. Regarde les formes des nuages, que vois-tu ? Tu peux avoir des signes…Expérimente !

N'oublie pas ton arbre ! Parle-lui ! Demande-lui des solutions, il est là pour t'aider.
Expérimente. Tu vas être surpris !

Organise-toi des moments, comme des rituels, où tu prends le temps d'être avec toi-même, pour faire ce que tu aimes faire : lire, écrire, dessiner, méditer en silence, danser, chanter, écouter de la musique…Choisis une musique en fonction de ton besoin. Tu es une fréquence, chaque musique a sa propre vibration et influence ton état intérieur.
Ces moments vont t'aider à apprécier la solitude. Une solitude choisie,

nécessaire à l'introspection et à la connaissance de soi.

Il est important que tu sois bien avec toi-même, seul avec toi-même.

Ne te fuis pas. Tu es **MAGNIFIQUE**. Ta Lumière est prête à s'offrir à toi, au monde.

Plus j'avançais dans mon initiation, plus je voyais…

Sur les figures géométriques sur lesquelles je travaillais, les personnages bougeaient, se déplaçaient, exprimaient des sentiments que j'étais capable de décrire pour une interprétation par Jean, lors d'un prochain cours.

Ce travail me permet aujourd'hui de voir « clair » chez les gens…C'est-à-dire, que je sens ce qui ne va pas chez telle ou telle personne, et je peux le décrire, connaître l'origine de ce qui la ronge, soit immédiatement, soit lors d'un échange banal. J'utilise également des cartes oracles, et mon évolution me permet d'apporter des précisions, des émotions, quelquefois je peux « recevoir » (voix intérieure) le nom d'une ville, le nom d'une personne etc…

Si tu es attiré par le tirage de cartes (tarot, oracles…), rendez-vous dans un magasin pour faire ton choix, et encore une fois, suis ton intuition ! Pour l'interprétation, lis la signification jointe dans le jeu, puis développe ton intuition en étant à l'écoute de tout ce qui te vient par tous tes sens. Tu peux avoir des sensations physiques (frissons, frôlements, énergies qui te traversent, visions, craquements d'objets dans la maison…), observe et essaie d'interpréter en fonction de toutes ces perceptions, sensations.

Ce 3ème chapitre au sujet de mon initiation va se terminer. Il est temps de songer à la tienne…
Lorsque tu seras initié à plus de conscience de la Réalité, et moins dans l'illusion, gouvernée par l'égo négatif et ses tourments, tu commenceras à évoluer, et tu seras dans le monde. Pas différent, mais toi-même, tu auras révélé celui, celle que tu es.
Se révéler à Soi est une deuxième naissance car s'incarner ne suffit pas, il faut libérer (acte volontaire) nos zones d'ombre pour faire place à la Lumière que nous sommes chacun pour amener plus de conscience au monde.
Tout ce que tu vis est initiatique.

J'espère t'avoir communiqué le goût de la vie, la joie de vivre, sur cette scène de la vie passionnante !

Toi, cours vers ta Lumière, puis marche serein dans la Lumière et les beautés de ce monde !

Va dans la Nature, à la rencontre des élémentaux : fées, elfes, trolls etc…tu seras surpris de l'aide et de la paix qu'ils pourront t'apporter.

Expérimente !

L'expérience est l'initiation la plus concrète, pourquoi ?

Parce que tu auras vécu l'expérience, et rien, ni personne ne pourra te faire douter !

Si tu es entouré de sceptiques, n'en parle pas…Echange uniquement avec ceux qui sont ouverts…

Heureusement, le Monde change, évolue et tu en trouveras de plus en plus !

N'oublie pas, lorsque tu te sens déstabilisé, connecte-toi à cette partie en toi qui est toujours stable, sereine. Fais le silence en toi, et demande en pensée à te connecter à cette partie de toi qui est en paix.

Chapitre 4
Rien n'a d'importance… !

Ce titre t'interpelle ?
Mon maître, Jean me disait souvent cela lors de nos échanges : « Rien n'a d'importance ».

Je comprends que cela t'interpelle…car pour moi aussi c'était nébuleux, et surtout cela m'amenait à me poser encore plus de questions…

J'ai compris bien plus tard le sens de cette phrase. Nous avons bien souvent du mal à vivre en nous détachant de tout et de tous…

Nos attachements émotionnels nous empêchent (encore) de vivre une vie légère et joyeuse car nous nous attachons les uns aux autres en croyant que c'est de l'Amour (inconditionnel) alors que ce n'est pas cela l'Amour Véritable.

L'Amour inconditionnel n'attache pas, il nous permet d'ETRE LIBRE et de vivre notre vie sans nous soucier de ce que pensent les autres de nous, de nos actions, de nos non actions…parce que S'AIMER inconditionnellement nous libère de cette nécessité de nous attacher les uns aux autres par peur !

Rien n'a d'importance me dit que tout est juste. C'est-à-dire que quoique tu fasses, si tu le fais en conscience, l'Univers s'arrangera pour que ce soit au mieux pour toi.

Si tu gardes à l'esprit que la vie est faite d'expériences pour évoluer, alors tu comprendras que « Rien n'a d'importance », et donc que rien n'est grave. Toute situation pourra être dédramatisée dès lors que tu comprendras le sens de cette expérience pour toi. Comprends bien cela ne veut pas dire je me fiche de tout, je fais tout et n'importe quoi, rien n'a d'importance. C'est l'inverse, **j'agis en conscience et je laisse l'Univers travailler à travers moi.**

Tu as choisi de vivre un chemin initiatique et personne ne peut savoir ce que ta Conscience supérieure a choisi d'expérimenter pour que tu évolues. Cela signifie que tu co-crées ta vie, une partie de ta vie est programmée parce qu'avant de t'incarner tu as choisi ton plan de vie mais au fur et à mesure de ton évolution, de tes prises de conscience tu pourras modifier le parcours.

J'ai dû choisir de vivre ces traversées du désert très difficiles par rapport à mon ancienne croyance « Il faut souffrir pour évoluer ». De fait, j'ai construit une nouvelle croyance « C'est lorsqu'on vit des situations difficiles que l'on apprend davantage à se connaître ». Tu vois comment se construisent les croyances ? Sauf que cette croyance qui pourrait être une ressource et vite devenu un poids de souffrances ! Parce que du coup, je vivais une vie pas très joyeuse pour évoluer !

Depuis libérée de cette croyance et avec de nouveaux outils, je sais que l'on peut évoluer en conscience sans vivre un chemin de croix ! Le choix toujours ! Encore faut-il avoir conscience de ces croyances limitantes qui nous bloquent…

La vie est mouvement, et tout au long de ta vie tu vas vivre des moments agréables, joyeux, exaltants et puis d'autres tristes, frustrants…C'est la vie ! Apprendre à s'adapter sans résister à ces mouvements, c'est vivre une vie plus paisible sans avoir l'impression d'être dans une machine à laver ou des montagnes russes !

Appréhender les situations avec recul et avec une plus grande stabilité émotionnelle, c'est possible en libérant les émotions négatives qui te plombent et font le lit à un état émotionnel instable.

Comment ?

Installe-toi dans un endroit calme (si possible), le dos bien droit. Commence à respirer tranquillement sans forcer, et amène ta conscience sur les mouvements de ta respiration. Tu peux dire en pensée : « J'amène ma conscience sur ma respiration », ainsi tu focalises ton attention, présent à toi. Continue tranquillement à accompagner en conscience ta respiration. Ensuite, inspire une énergie de guérison rose qui envahit tout ton corps de la tête aux pieds. C'est le rose que tu aimes. A chaque inspiration, tu amènes cette énergie de guérison rose progressivement dans tout ton corps. Lorsque tu l'as amené jusqu'aux pieds, visualise cette énergie de guérison rose qui déborde de tout ton corps. Reste avec cette énergie aussi longtemps que tu en ressens le besoin. Tu peux faire

cette respiration avec l'énergie de guérison rose autant de fois que tu en as besoin, c'est l'Amour inconditionnel ! Tu peux visualiser un environnement qui te détend, un paysage que tu adores, fais comme tu le sens.
Expérimente.
Comment te sens-tu à présent ?
Cela fait partie des moments où l'on se sent bien avec soi-même, n'est-ce pas ?...

TOUT EST EN TOI

Si cela peut te rassurer, lorsque j'aurais terminé ce livre, je n'aurais pas terminé mon évolution...toute ma vie n'y suffira pas ! Nous sommes des êtres immortels et en perpétuelle évolution. Nous cheminons de vie en vie, nous nous reposons puis repartons expérimenter.

Aujourd'hui, je sais qui je suis, et je continue l'exploration et l'extériorisation.

Cela a pris du temps avant que je sache réellement qui j'étais, que j'accepte, et que je m'aime ainsi.

Et que j'ose affirmer qui je suis.

J'ai développé ces facultés qui me servent aujourd'hui dans ma pratique thérapeutique et hormis dans ce livre où je transmets, je n'en parle pas.

Si tu développes tes supra-sens, cela te demande d'avoir une éthique, tu ne peux pas faire tout et n'importe quoi et les Lois de l'univers seront là pour te le rappeler.

En tant qu'être hypersensible, tu es « connecté » aux défunts, à ton guide, aux anges, aux maîtres ascensionnés mais tu peux choisir de fermer la communication à certains moments. Tu peux le demander, et à ton guide de t'aider.

Si tu es médium, il te faut apprendre à vivre avec tout ce monde autour de toi. Là aussi, demande à ton/ta guide de t'aider à filtrer ou à couper les communications quand tu as besoin d'être tranquille.

Lorsque tu reçois des informations, tu ne sais pas forcément d'où cela provient ou de qui. Questionne, demande des éléments concrets.
N'oublie jamais de remercier.

Lorsque tu poses une question pour toi, demande que des signes te soient envoyés.
Ce peut être dans une chanson, un nom de rue, un titre de livre, de film, une

forme de nuage…de multiples façons, sois à l'écoute, attentif ! Tu seras surpris, et ne doute pas lorsque la réponse te parvient !
Tu l'avais demandée !!!

Ce peut être aussi par l'intermédiaire de livres, laisse-toi guider…que ce soit sur internet ou en librairie, prends 2 secondes en entrant dans une librairie ou en surfant sur un site pour demander à être guidé vers des lectures dont tu as besoin en ce moment. Puis, suis ton intuition.

Tu peux déjà trouver de nombreuses réponses à tes questions dans les livres. Ce sera peut-être dans un premier temps ta première source de connaissances, et tu as le choix. Laisse-toi guider !

Pour moi, les livres ont été, et sont toujours une belle source de Savoir sur différents sujets : la vie après la mort, les neurosciences, développement personnel, mais aussi tout ce qui se rapporte à des civilisations comme l'Egypte ancienne qui nous a transmis de nombreuses choses.

Plus tard, avec l'arrivée d'internet, j'ai eu accès à d'autres sources, et j'ai pu élargir mon champ de connaissance. Mais attention, fais le tri, sois à l'écoute de ce qui te parle ou non, c'est très important. Tu sauras si telle information est juste pour toi. Pose-toi la question et ressens comment ton corps te répond. Ainsi, tu développes la clairsentience.

Ton corps, le véhicule qui te permet d'agir

Notre corps physique est un véhicule, et il nous faut en prendre soin, en lui donnant une nourriture variée et vitalisée (pas de plats industriels par exemple), en faisant de l'exercice, en buvant (sans alcool), en se lavant, etc…L'alcool rend encore plus inconscient et peut augmenter la violence et agressivité en nous.

Aime ce corps qui te permet de te déplacer, de penser, d'agir, de mettre en action ce que tu souhaites. Aime-toi tel que tu es. Tu peux le dire ainsi devant la glace ou chaque matin en souriant :

« Je m'aime, je suis MAGNIFIQUE ! ».

Le but n'est pas de tomber dans le narcissisme…C'est aimer ce corps qui abrite ton âme, et t'aimer.

Si tu as du mal à voir tes qualités, demande à tes parents, un ami bienveillant, ton frère, ta sœur, d'écrire sur une feuille les qualités qu'il voit en toi. Cela t'aidera à prendre conscience que tu n'as pas que des défauts, et que tu es quelqu'un d'aimable.

Lois universelles, comment ça marche ? Oui je répète VOLONTAIREMENT et d'une autre manière.

Pour créer toute chose, situation, il faut une pensée. La pensée est créatrice. Oui je sais, nous pensons beaucoup…trop ! Mais je te dis, si tu sais maîtriser tes pensées et si tu n'as que des pensées conscientes, tu vas en créer de belles choses ! Mais…
J'introduis la 2ème loi…Tout est cyclique. Donc si tu as des pensées bienveillantes, tu auras des retours positifs et de belles surprises ! Si tu as des pensées malveillantes, tu vas créer, toi seul, personne d'autre à blâmer, une situation, un blocage par tes propres pensées.

Dès que tu es conscient de penser du mal sur un tel ou une telle, ou si tu projettes une situation de manière négative, dis tout de suite intérieurement : « Harmonie entre moi et la ou les personnes » (nomme-les) et pour la situation, tu peux dire : « Tout va bien merci ».

Chaque matin, avant d'aller travailler, je pense que l'harmonie est entre moi et une autre personne, et tout se passe bien.

Ainsi, tu vas pacifier tes relations, fais le test avec quelqu'un avec qui tu ne t'entends pas, et constate…

Tout est présent. Je connaissais cette loi depuis mon initiation mais je ne la comprenais pas et ne l'intègre réellement et concrètement que depuis peu. Pour cela, j'ai découvert la méditation pleine conscience en lisant le merveilleux livre de Christophe André « Méditer, jour après jour » dans lequel se trouve un CD de méditation guidée. Une belle découverte. Pratiquer la méditation m'aide à me centrer, à entrer un peu plus dans le présent, donc en présence avec tout mon corps à ce que je suis, à ce que je fais.

Tout est présent. Le passé et le futur n'existent pas. Lorsque tu t'éveilles à cette pratique (car il faut se déshabituer à fonctionner sur le mode du temps linéaire créé par l'Homme « passé, présent, futur », et ce n'est pas facile), tu te rends compte que de nombreuses souffrances s'annihilent, ou s'étiolent du simple fait d'être dans le présent, donc en présence totale avec ton environnement, ton corps physique.

Concrètement, tu parviens sans difficulté à prendre du recul sur les événements, à dédramatiser, et je peux te dire que ton corps intègre ces nouvelles données avec délice. Tu ne seras plus dans l'illusion, tu seras présent à chaque moment de ta vie, tu savoureras, dégusteras la vie avec ces hauts et ces bas car c'est la vie ! La vie est une succession d'expériences. Tout est expérience. Arrête de mettre une étiquette, « bien ou pas bien », « bon ou pas bon », toute expérience te fait évoluer si tu l'acceptes. Ce qui ne veut pas dire, ne pas agir…cela veut plutôt dire ne pas réagir. Ne pas être dans la réaction, c'est prendre du recul, analyser et agir pour changer les choses, mais en amont tu auras accepté la situation, l'événement, l'occasion qui te sont donnés pour agrandir ton champ de conscience, et évoluer.

La pire situation (ton ressenti) peut être l'opportunité si tu l'acceptes de prendre conscience de certaines choses chez toi, et de changer ! Vivre l'instant présent te permet de démasquer ton égo négatif (qui voudrait réagir) et d'agir favorablement pour toi, ton évolution.

Vivre l'instant présent est une des clés d'une vie plus paisible, pleinement vécue, et je crois que c'est l'une des clés du bonheur…

Le livre « Le pouvoir du moment présent, d'Eckart Tolle » te donnera mieux que moi ces clés.

Je terminerai ce livre avec quelques références de livres qui m'ont éclairée, mais ce sera ma liste, à toi de créer la tienne…

Je te dis que ce qui compte par-dessus tout, c'est que tu sois heureux, heureux d'être, de vivre, DANS LA JOIE !

Etre heureux avec toi-même te permettra d'avancer sereinement, en confiance, avec toi, en la vie, d'être stable face aux tempêtes, et même si des étapes difficiles viennent à toi, ta flamme, ton étincelle de vie, protégera ta foi en la vie, en cette merveilleuse expérience que tu as choisi de vivre !

Dois-je te rappeler que c'est toi qui a choisi avant ton incarnation d'être TOI, de choisir tes parents, tes expériences de vie, des rencontres etc…Tu as choisi ce programme de vie pour qu'il t'amène vers ce qu'il y a de plus beau en toi et que tu le révèles.

Mais, lorsque tu es arrivé dans ce monde, tu as tout oublié…afin que le libre arbitre n'intervienne pas dans cette décision d'aller vers ce que tu ES.

Tu as atterri, et tu as le libre-arbitre, c'est une option que nous avons sur cette belle planète, mais pas sur d'autres…La liberté de choisir, d'être courageux, de rester stable et dans la joie, oui c'est difficile mais si tu vas toujours vers la vie, la joie, tu seras aidé, accompagné, soutenu.
Depuis que je suis petite et malgré les turpitudes de la vie, j'ai toujours gardé cette flamme allumée, et j'ai toujours en moi cette joie de vivre. C'est un cadeau que l'on m'a fait et j'en prends soin. Je me rends compte que la joie de vivre n'est pas « donnée » à tout le monde, alors je sème, je partage pour attiser un petit peu la flamme des autres.

Je t'ai parlé de l'interdépendance ?

Et bien, ici cela prend tout son sens. Si tu as en toi la chance d'avoir cette joie chevillée au corps, entretiens-la, et tu verras qu'à ton contact les personnes changeront, seront plus gaies, et on te demandera souvent d'où te vient cette joie ? ...Grâce à ces fils d'argent qui nous relient, nous sommes tous reliés, oui tous !

Donc, si tu ES la joie, tu vas semer de la joie, de l'Amour autour de toi, merveilleux ?

Cela ne veut pas dire, que si tu es triste, tu dois faire semblant d'être gai ! Mais il t'appartient de faire ce qu'il faut pour te remettre dans la joie.

Tu as le droit aussi d'être triste…mais tu as désormais quelques outils à ta disposition pour modifier ton état intérieur…

Petit rappel, tu peux dire (intérieurement) : « L'harmonie est en moi » ou bien « Je vais très bien, merci », ou « Je suis centré » …Tu peux trouver un autre mot signal qui te permette de retrouver cet état de joie ! Apprends à te connaître, à savoir ce qui est bon pour toi !

Garde à l'esprit que la vie n'est pas vécue pour souffrir mais pour évoluer, donc TOUTE expérience est enrichissante à vivre.

Je vous ai déjà parlé du décès de ma grand-mère. Son décès m'a rapprochée de la vie, et m'a amenée à faire des recherches pour apaiser ma peur de la mort. J'ai aussi eu la voix qui a annoncé son décès, et d'autres signes qui m'ont confortée dans l'idée que la mort n'existait pas…Les séparations que ce soit par la mort ou autres, font grandir…On peut mettre une étiquette et croire que : « c'est dur la vie » mais cela ne la rendra pas plus facile, au contraire ! Puisque TU CROIS que la vie est dure alors elle le sera.

S'il te plaît, ne tombe pas vers l'obscurantisme du scientifique…qui dit que tout ce que l'on ne voit pas, et n'ai pas prouvé scientifiquement, n'existe pas ! Un peu d'humilité.
Si tous les scientifiques pensaient comme ça, on serait encore au Moyen Age ! Heureusement, de brillants scientifiques s'intéressent à la physique quantique, et peuvent expliquer ce que d'autres qualifient d'inexplicables, ou de miracles…

Si tu veux que viennent à toi des idées, solutions lumineuses dans tel ou tel domaine, pense : « Je suis inspiré » avec la main gauche, et laisse venir, détends-toi.

Tu peux tout programmer, pour autant que ce ne soit nuisible pour personne, sinon attention au retour !

A l'aide de ta main gauche, en ouvrant et fermant plusieurs fois la main, tu diras (et visualiseras) une phrase très courte (et toujours la même) positive, qui est le résultat que tu souhaites.
Par exemple : si tu veux réussir ton Bac, tu penseras ou diras à haute voix : « J'ai mon Bac », sans douter. Ne te demande pas comment cela va se réaliser, juste demande et l'Univers se chargera du reste. Evidemment, ne t'arrête pas de travailler pour autant…

Tu peux aussi demander pour tes parents, ta sœur, ton frère, une amie, mais pourquoi pas les initier au « je veux, j'ai + le résultat déjà réalisé ».

Si tu veux lancer plusieurs programmations en même temps, je te conseille de noter ces micro-phrases sur un papier.
Au début, note la date de début de chaque demande, et tu devras demander avec la main gauche pendant 21 jours, pour chaque demande. Puis, tu n'auras plus besoin de le faire sur 21 jours car ton hémisphère droit sera activé et réagira rapidement. Cela ne veut pas dire que tu auras tout de suite ce que tu veux mais tu n'auras pas besoin de le demander pendant 21 jours, tu le fais sur quelques jours, puis tu n'y penses plus. Ne t'inquiète pas la matérialisation de ta demande est en cours pendant ce

temps, et tu peux en faire pleins d'autres en simultané.

Quand tu constateras que cela arrive, tu vas devenir addict !
Tant mieux, cela te permettra d'être acteur de ta vie, c'est toi qui choisis.
Et quoi de mieux que d'avoir la liberté de choisir la vie que l'on veut vivre ?
Ha la Liberté ! J'adore !

Bien entendu, et j'espère que tu l'as compris sans se nuire, ni nuire à autrui, sinon retour du boomerang… ! Aïe ça fait mal !

Récemment, je viens d'expérimenter une demande pour avoir plus d'argent car l'argent sortait plus qu'il ne rentrait…et que même si avoir de l'argent n'est pas mon but dans la vie, on en a besoin pour vivre, c'est la réalité.

J'ai demandé, en ouvrant et fermant ma main gauche plusieurs fois, à renouveler plusieurs fois par jour pendant quelques semaines : « A partir de maintenant, j'ai de l'argent. »

Incroyable, je reçus des sommes à droite, à gauche, inespérées. Une prime exceptionnelle à mon travail, un déblocage possible d'argent alors qu'impossible jusqu'alors…Je ne joue pas au Loto, donc pas de grosse cagnotte mais des rentrées d'argent qui m'ont permis de combler des dépenses.

Je n'ai pas oublié de REMERCIER !

L'autre jour, je roulais pour me rendre à mon travail, et l'air était humide mais les premiers rayons du soleil pénétraient les nuages, et là devant moi, un double magnifique arc-en-ciel complet, déployait ses couleurs vives, c'était un spectacle merveilleux ! Je riais toute seule dans ma voiture car ce spectacle était un cadeau de Dame Nature. C'est déjà rare de voir un arc-en-ciel complet mais un double ! La Nature est joueuse aussi !

Observe la Nature, elle t'apprendra beaucoup ! La Nature est silencieuse mais facétieuse…Elle est JOIE, elle est en harmonie avec notre planète Gaïa (Urantia Gaïa est le nom spirituel de la Terre).

Il n'y a que nous qui ne sommes pas en harmonie avec elle…
Apprend à te connecter à notre belle planète. Comme je l'ai déjà dit, tu peux te mettre les pieds nus dans l'herbe

pour te reconnecter, et imagine que sous tes pieds, des racines pénètrent le sol. Cet exercice est très bénéfique si tu as un problème d'ancrage.

Comment peux-tu savoir si tu as un problème d'ancrage ?
Si tu es souvent dans la Lune…
Si tu es maladroit (tu manques de présence, tu n'es pas à ce que tu fais)
Si tu as du mal à te concentrer

Par ces quelques exemples, tu comprends qu'à certains moments, tu n'es pas là…tu es dans d'autres dimensions, mais du coup tu perds en efficacité dans ton quotidien, tu t'échappes de ton quotidien car celui-ci est peut-être trop lourd pour y faire face ?
Essaie de faire cet exercice régulièrement, tu n'es pas obligé de

mettre tes pieds nus dehors, surtout s'il fait froid ou si tu crains d'être moqué par un membre de ta famille, tu peux imaginer le faire…Assieds-toi sur une chaise, les pieds par terre, et imagine que des racines partent de la plante de tes pieds et entrent dans la terre. Tu peux compléter en disant : « Je suis ancré ».

Répète cet exercice autant de fois que nécessaire, et observe si tu te sens plus présent. Note sur une feuille tes impressions, les changements ou bien ce que l'on te dira.
Tu devrais te sentir plus présent.

Lorsque l'on est un être hypersensible, la maîtrise des émotions est complexe, et l'adolescence peut accentuer cette hypersensibilité. Pourquoi ?

Je ne suis pas médecin mais je sais que les hormones sont en plein boum, que le cerveau n'est pas encore mature, ce qui peut générer des variations d'humeur, un rien « pour les autres » peut être très déstabilisant pour toi. La maîtrise est donc plus difficile. C'est pour cela que si tu utilises quelques outils que je t'ai donné, en fonction de tes besoins, tu devrais réussir à trouver un équilibre, une sérénité.

C'est pour cela qu'il est important que tu saches ce qui est bon pour toi. Je sais que l'on ne fait pas toujours appel à ses parents par souci d'indépendance ou par pudeur, mais ils sont là pour toi, n'hésite pas à leur demander de l'aide ou conseil. C'est à toi de voir en fonction de la relation que tu as avec eux. Ensuite, tu peux être plus communiquant avec l'un de tes parents sur un sujet, et échanger avec l'autre parent sur un autre sujet.

Fais comme tu le sens !
De manière générale, et c'est une phrase pleine de sens : « Fais comme tu le sens ».

Mais n'oublie jamais
Aime-toi ! Tu es un être formidable ! Un diamant brut qui doit être poli pour rayonner dans l'Amour.

Sois conscient que c'est toi qui conduis ton véhicule, ne laisse personne d'autre le conduire à ta place, même si les conseils ou expériences des autres peuvent te servir à faire des choix, à te guider.

Tu ne vis pas tout seul, tes choix peuvent impacter ton entourage, mais si tu le fais toujours pour ton bien (et non pas pour enquiquiner les autres) car tu sais ce qui est juste et bon pour toi alors, tes choix devraient être respectés.

Lorsqu'on est adolescent, on n'a pas toujours le sens de la modération, on peut être révolté contre tout et tous. Si tu as un choix à faire et que celui-ci va à l'encontre de ce que tes parents souhaitent pour toi, il te faudra avec patience, et sans agressivité, argumenter pour convaincre que ce choix est juste pour toi au moment où tu le fais. Sans imposer, tu feras en sorte qu'ils te fassent confiance car tu auras su leur démontrer que c'est un choix qui te correspond, qui résonne juste pour toi.

Si tes parents t'aiment (et je n'en doute pas même si quelquefois, ils sont maladroits), ils respecteront ta décision, même si leur peur est toujours là. L'expérience que tu vivras suite à ton choix sera la plus belle preuve d'amour et de confiance que tu pourras leur faire, et c'est ce va et vient entre accords et désaccords qui te permettra de gagner leur confiance et ton autonomie dans la vie. Tu deviendras ainsi un adulte responsable, et libre.

Même si ton choix ne s'avère finalement pas à la hauteur de tes attentes, peu importe, c'est une expérience et avec le recul tu t'apercevras que ce choix-là t'a fait grandir, et apprendre sur toi ! C'est tout ce qui compte, l'expérience !

On entend souvent que l'adolescence est une période ingrate…les boutons, la révolte, l'agressivité liée à un mal être, les premières amours etc…

Je te dis à toi, d'être courageux, patient, ton corps subit beaucoup de transformations, mais il te faut tenir le cap ! Après la tempête, tu y verras plus clair, l'horizon sera dégagé, et tu deviendras celui que tu es.

Les adolescents sont tiraillés entre le monde de l'enfance qu'ils doivent quitter (mais dont ils ont la nostalgie car c'est si bon l'insouciance… !), et celui du monde adulte vers lequel ils vont inévitablement…

Avoir quelques outils en poche pour te faire un monde à la hauteur de tes rêves, est bien utile et si tu ne te décourages pas, tu recevras les fruits de cette volonté.

C'est toi, et toi seul, qui créé aujourd'hui les conditions, l'environnement favorable pour te faire la vie que tu veux. Tu choisis, toi seul, d'être heureux ou malheureux, personne d'autre. Tu vas créer ta Réalité.

J'espère que tu vois où je veux en venir après toutes ces lignes écrites sur la joie d'être dans la vie et d'expérimenter, alors ?
Je ne dis pas qu'à toi, tout seul, tu peux changer le monde…quoique ! Si tu décides aujourd'hui d'être le plus merveilleux, le plus aimable, le plus Sage, le plus intelligent, le plus inspiré etc…tout ce que tu veux ETRE et en imaginant que ce livre se vende à des millions d'exemplaires auprès des adolescents, et pourquoi pas des adultes restés encore adolescents, et

bien pourquoi pas changer le Monde ??!...

Alors, tu fais quoi ?

Tu sais que je t'aime, **TOI** !

Des pistes de lecture…

« La vie après la mort » du Dr Moody

« La vie après la vie » du Dr Moody

« Le principe Lola » de René Egli

« Eluhdia, Tome 3 » de Rodolphe Arnassalon

« Le pouvoir du moment présent » d'Eckart Tolle

« 2012, l'ascension de la Terre dans la 5ème dimension » de Ute Kretzchmar

« L'éveil au point zéro » de Greg Bradden

« Biologie des croyances » de Bruce H.Lipton

« Les 5 blessures » de Lise Bourbeau

« Méditer, jour après jour » de Christophe André (avec CD de méditation)

« Le prophète » de Khalil Gibran

« Siddhartha » de Hermann Hesse

« Où cours-tu ? Ne sais-tu pas que le ciel est en toi ? » de Christiane Singer

« Le courage d'être soi » de Jacques Salomé

Remerciements chaleureux à ces lumineuses personnes d'avoir éclairé mon chemin de vie : Louis et Bruno Royère, Dolorès, Jean, Sylvie Mischieri, Rodolphe Arnassalon, Michael Roads.

Site officiel de l'auteure

therapie-psychophanie.com